유아사회교육

사회적 능력과 기술 지원하기

| 김영옥 · 김우영 공저 |

SOCIAL EDUCATION FOR YOUNG CHILDREN: SUPPORTING SOCIAL COMPETENCE AND SKILLS

학지사

『유아사회교육: 사회적 능력과 기술 지원하기』 주차별 강의 계획안

주차	주제	내용
1주	1장 유아의 사회화	• 사회적 능력과 기술 • 사회적 가치와 덕목 • 사회화와 사회과학의 기본 개념
2주	2장 교수-학습 계획	• 교수-학습 개념 체계 및 내용 • 교수-학습 전략 및 방법
3주	3장 교수-학습 적용	• 가치 개념의 선정 및 전개 • 가치 개념의 일과 적용 • 교수-학습 활동의 전개
4주	4장 교사의 역할과 지도	• 교사의 역할 • 쌓기놀이영역에서의 친사회적 행동 발달 지도 • 도시 만들기 프로젝트에서의 협동활동 지도
5주	5장 사회적 자원 활용하기 (도서, 융판)	• 도서 및 융판의 개념 및 의의, 형태와 유형, 유의점, 교수-학습 활용의 예, 참고 • 《토의해 봅시다》 및 모의수업의 적용
6주	5장 사회적 자원 활용하기 (모래상자, 게임, 신문)	• 모래상자, 게임, 신문의 개념 및 의의, 형태와 유형, 유의점, 교수-학습 활용의 예, 참고 • 《토의해 봅시다》 및 모의수업의 적용
7주	5장 사회적 자원 활용하기 (박물관, 민속 문화)	• 박물관, 민속 문화의 개념 및 의의, 형태와 유형, 유의점, 교수-학습 활용의 예, 참고 • 《토의해 봅시다》 및 모의수업의 적용
8주	중간고사	
9주	5장 사회적 자원 활용하기 (역사적 인물, 초청강사, 흥미영역)	• 역사적 인물, 초청강사, 흥미영역의 개념 및 의의, 형태와 유형, 유의점, 교수-학습 활용의 예, 참고 • 《토의해 봅시다》 및 모의수업의 적용
10주	6장 사회적 기술 접근하기 (질문하기, 그래프 그리기)	• 질문하기, 그래프 그리기의 교육적 가치, 내용 및 방법, 수업절차, 교수-학습의 적용, 평가, 참고 • 《교수-학습 확장하기》 및 모의수업의 적용
11주	6장 사회적 기술 접근하기 (지도 그리기, 역할놀이하기, 시간의 변화 알아보기)	• 지도 그리기, 역할놀이하기, 시간의 변화 알아보기의 교육적 가치, 내용 및 방법, 수업절차, 교수-학습의 적용, 평가, 참고 • 《교수-학습 확장하기》 및 모의수업의 적용
12주	6장 사회적 기술 접근하기 (의사결정하기, 발견학습적 접근하기)	• 의사결정하기, 발견학습적 접근하기의 교육적 가치, 내용 및 방법, 수업절차, 교수-학습의 적용, 평가, 참고 • 《교수-학습 확장하기》 및 모의수업의 적용
13주	6장 사회적 기술 접근하기 (규칙 만들기, 다문화적 접근하기, 현장학습하기)	• 규칙 만들기, 다문화적 접근하기, 현장학습하기의 교육적 가치, 내용 및 방법, 수업절차, 교수-학습의 적용, 평가, 참고 • 《교수-학습 확장하기》 및 모의수업의 적용
14주	7장 사회적 능력 평가하기	• 평가의 유형과 방법 • 사회적 능력과 기술 관련 검사 도구 (친사회적 행동 검사, 자아개념 검사, 학습 관련 사회적 기술 검사, 경제개념 검사 등)
15주	기말고사	

머리말

교육의 궁극적 목적은 넓은 의미의 사회화라고 한다. 사회화의 사전적 의미는 '인간이 사회의 한 성원으로 생활하도록 기성세대에 동화함, 또는 그런 일'을 말한다. 기성세대란 현재 사회를 이끌어 가는 나이가 든 세대이지만 지금의 기성세대도 과거의 젊은 세대였고 현재의 젊은 세대가 미래의 기성세대가 됨으로써 다시 자라나는 세대를 교육하며 순환적으로 이어지는 것이기도 하다. 결국 한 개인이 자기가 속한 집단과 사회의 가치와 규범을 보고 배우고 익히며 내면화해 가는 과정을 통하여 성장하고 이렇게 하여 사회가 존속되는 것이다.

유아사회교육은 사회생활에 대한 이해와 애정을 길러 유능한 시민으로 성장하게 하고 인간다운 능력자를 기르는 것에 초점을 두고 있다. 바람직한 구성원으로 성장하게 하는 데 필요한 것은 무엇인가? 동서고금을 막론하고 기성세대들은 다음 세대를 기르는 일에 혼신의 노력을 쏟아 왔으며 다양한 교육내용과 방법에 대한 논의는 지속적인 화두이기도 하다.

유교의 가르침이 되어 온 '인의예지신(仁義禮智信)'을 보면 그 고심이 고스란히 묻어난다. 동서남북 사대문을 세우는 데도 이러한 의지가 들어 있다. 동쪽에 흥인지문(興仁之門), 서쪽에 있는 돈의문(敦義門), 남쪽에 있는 숭례문(崇禮門), 북쪽에 홍지문(弘智門)을 세우고 그 가운데 종로에 보신각(普信閣)을 세운 것이 그것이다. 어진 마음이 흥하고 의를 돈독히 하며 예를 숭상하고 지혜를 크게 넓히라 하였으며 신의를 넓히라는 염원을 담은 것이다.

제4차 산업시대에 살게 될 우리 아이들의 미래를 위해 어떤 사회적 능력과 기술이 필요한가? 인간은 사회화과정을 통해 다른 사람과 상호작용하며 집단에 동화되고 이

해하면서 공통의 문화를 학습하게 된다. 동시에 부모와 가족, 또래집단, 기관, 대중매체 등 환경과의 상호작용을 통하여 다른 사람과는 또 다른 독특한 자아를 형성하게 된다. 아무리 초고속 첨단 사회가 되어도 의미 있는 타인의 가치와 태도를 수용하면서 동일시하고 내면화하면서 동시에 개성과 독창성을 키워 가는 과정은 마찬가지일 것이다.

유아의 생각과 감정, 행동 등이 흡수되고 체화되도록 내면화과정을 지원할 수 있는 사회적 능력과 기술은 무엇인가? 어떻게 하면 이러한 능력과 기술을 잘 길러 줄 수 있을까? 교사가 개념을 보다 명료하게 이해하고 수업계획을 할 수 있도록 지원하는 방법은 무엇인가? 하는 것이 이 책의 관심사다.

이 책은 1부와 2부로 구분되어 있다. 제1부 이론 편에서는 유아의 사회화, 교수-학습 계획 및 적용 그리고 교사의 역할과 지도를 다루었다. 특히 교수-학습 적용에 있어서 가치 개념을 선정하고 활동을 구성하며 어떻게 세분화해 갈 것인가의 절차를 다루었다. 교사의 역할에서는 쌓기놀이영역과 프로젝트에서 친사회적 행동과 협동 활동의 지도방법을 한 예로 다루었다.

제2부 실제 편은 사회적 자원 활용하기와 사회적 기술 접근하기 및 사회적 능력 평가하기를 다루었다. 사회적 자원 활용하기는 현장에서 대표적으로 활용되는 도서, 융판, 모래상자, 게임, 신문, 박물관, 민속 문화, 역사적 인물, 초청강사 및 흥미영역을 포함하였다. 현장에서 빈번하게 사용하고 있으면서도 개념이 명확하지 않은 자원들을 개념 및 의의, 형태와 유형, 유의점 그리고 교수-학습 활용의 예를 제시하였다. 교수-학습은 주제에 적합한 절차를 우선 제시하고 절차에 따른 교수-학습안과 이를 확장 또는 변형할 수 있는 대안적 안을 제안하였다. 또한 말미에 관련 도서를 제시하여 활용할 수 있도록 하였다. 뿐만 아니라 〈토의해 봅시다〉에서는 주요 개념의 적용과 방법을 마무리하여 정리할 수 있도록 하였다.

사회적 기술 접근하기에서는 교수-학습 진행 시 활용할 수 있는 질문하기, 그래프

그리기, 지도 그리기, 역할놀이하기, 시간의 변화 알아보기, 의사결정하기, 발견학습적 접근하기, 규칙 만들기, 다문화적 접근하기 그리고 현장학습하기로 구성하였다. 이 역시 현장에서 빈번히 사용하고 있는 기법을 좀 더 명료화하기 위하여 교육적 가치, 내용 및 방법, 수업절차, 교수-학습의 적용과 평가를 다루었다. 제시한 수업절차에 따른 계획안과 확장 또는 변형할 수 있는 계획안을 제시하고 생활주제에 적용할 수 있는 참고자료를 선정하였다. 마지막으로 교수-학습 확장하기에서는 해당 기법을 되짚어 보고 다른 장면에 확장할 수 있는 내용을 다루었다.

교수-학습 안들은 일련의 개념과 방향성을 보다 구체적으로 접근하기 위한 하나의 사례를 제시한 것이므로 고정된 수업절차로 여기거나 그대로 진행해야 하는 것은 아니다. 이를 기초로 현장의 상황과 조건을 고려하여 적절히 변형하고 활용할 수 있을 것이다. 나아가 대안적 학습형태를 구성하는 근거가 될 수 있을 것이다.

사회적 능력 평가하기는 사회적 능력을 평가할 수 있는 비교적 손쉬운 도구들을 소개하였다. 친사회적 행동 검사 도구, 자아개념 검사 도구, 학습 관련 사회적 기술 검사 도구 및 경제개념 검사 도구가 포함되었다.

이 책을 출간하기 위하여 자료를 수집하고 정리하는 데 여러 해가 걸렸으며 주말마다 집필과 수정작업을 진행하는 동안 계절이 여러 번 바뀌었다. 아직도 보완할 부분이 많아 아쉽지만 이 작은 결실이 유아사회교육 또는 사회성 관련 주제를 가르치거나 현장에 적용하는 예비교사, 현직교사 그리고 사회교육에 관심을 가진 분들에게 도움이 되기를 바란다. 교정에 도움을 준 신슬아 선생님, 주시연 선생님에게 고마움을 표하며 고생하신 학지사 여러분께도 감사드린다.

2018년 4월
저자

귀한 사진을 제공해 주신 원장님과 선생님께 감사드립니다.

서울 나랑유치원 박수진 원장님
광주 동강유치원 김수혜 선생님
광주 선일유치원 문선영 원장님
광주 유진유치원 김성미 원장님
경북 운문유치원 정도진 원장님
전남 새하늘어린이집 박은혜 원장님
전남 자연나라숲속어린이집 전봉본 원장님
전남 한전 KDN어린이집 김여선 원장님

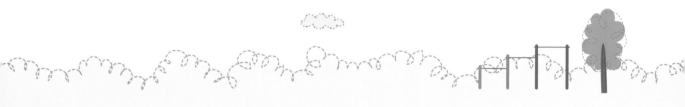

차례

제2부

실제 편

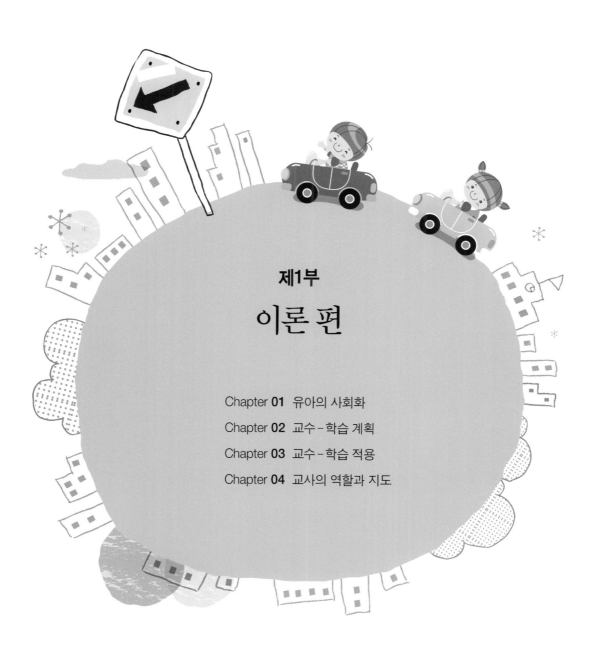

제1부

이론 편

Chapter **01**

유아의 사회화

1. 사회적 능력과 기술

교육의 궁극적인 목적은 사회화라고 할 수 있다. 유능성을 길러 타인과 의사소통하거나 언어를 확장하고 수 개념을 익히는 것도 효과적인 의사소통과 합리적인 생활을 영위함으로써 인간생활을 풍요롭게 하며 삶의 질을 높이는 과정이다. 사회적 능력은 그동안 여러 가지 관점에서 광범위하게 언급되어 왔으며 기본생활습관, 친사회적 행동, 협동 등과 같은 몇몇 요인들이 대표적으로 논의되기도 하였다. 어떻든, 사회적 능력은 유능한 사회구성원이 되기 위해 환경에 적응하며 상호작용하는 것이다. 따라서 삶에 직면하는 다양한 선택, 도전과 기회를 다루기 위해 개발하는 지식이나 기술과 관련되어 있으며, 사람은 각자의 삶의 조건과 문제에 대하여 보편성을 가지고 있으면서도 나름대로 독자적인 대응방식을 가지고 있다.

사회적 능력은 여러 문헌에서(김영옥, 1990; 우수경, 2013; 이옥경, 이진희, 2015; 홍용희 역, 2001; Kostelnik, Whiren, Soderman, Stein, & Gregory, 2002; Welton & Mallan, 1999) 언급된 바와 같이 사회적 가치 채택, 정체감 개발, 대인관계 기술, 개인행동조절, 의사결정 등으로 광범위하게 설명되고 있다. 유아의 사회적 유능감 증진의 요소로서 사회적 지식, 태도, 기술 및 정서조절 능력을 들고 있으며(이태영, 강문희, 2001) 친사회적 기술과 정서조절 요인 및 자아 존중감(정계숙, 2002)을 포함하기도 한다.

사회적 능력의 개념은 사회적 행동의 특성, 범위, 연구방법 등의 다양한 차이로 인하여 여러 학자들마다 다르게 접근하고 있으며(문대근, 2009; 이혜진, 2011) 이를 O'Malley(1977)는 동물행동학적 접근, 인성구조론적 접근, 사회적 상호작용론적 접근으로 구분한 바 있다.

첫째, 동물행동학적 접근에서 사회적 능력은 환경에 적합한 행동을 나타내는 적응과정이다. 각 개인마다 가지고 있는 상황이 개별적이고 다양하기 때문에 생존을 위해서 상황에 적절한 행동을 형성해 나가는 것과 동시에 환경에 적응하는 능력, 즉 사회적 능력을 발달시켜 나간다는 관점이다. 이는 기존의 환경에 적응하고 생활양식을 유지하기 위해 유아를 순응적이고 수동적인 존재로 이해한다는 점에서 한계가 지적되고 있다.

둘째, 인성구조론적 접근에서는 다양한 인자로 이루어진 인성구조 중에서 긍정적인 측면 및 부정적인 측면의 속성으로 파악한다. 이는 다양한 인성구조 중에서 긍정적인 특성의 소유자를 사회적 능력이 있다고 보는 것이며, 부정적인 특성의 소유자를 사회적 능력이 상대적으로 없다고 보는 것이다. 이러한 접근은 개인의 속성만으로 인간의 행동을 설명하고 예측하며 상황적인 맥락을 고려하지 않는다는 지적을 받고 있다.

셋째, 사회적 상호작용적 접근에서는 타인과의 사회적 상호작용에서 생겨나는 대인관계의 목적을 달성하는 능력으로서 타인과의 역할을 수용할 수 있는 능력, 다른 사람과 효과적이고 만족스러운 상호작용을 하는 능력이라고 보는 관점이다. 다른 사람의 역할을 수용할 수 있는 능력, 다양한 행동목록의 소유, 상황에 맞게 적절히 행동할 수 있는 내적 자원의 소유 등이 포함된다.

한편, 사회적 기술이란 무엇인가? 김우영(2014)은 여러 선행연구(Bedell & Lennox, 1997; Elliott & Gresham, 1993)를 기초로 사회적 기술이란 사회적 능력과 함께 내면화하는 것으로 정의하는 것이 가장 보편적이며 사회적 능력이라는 포괄적인 개념 속에서 사회적 기술을 정의하였다. 또한 사회적 기술을 사회적 능력을 쌓는 기반으로 정의하며 여러 가지 검사방법을 통하여 관찰되고 평가될 수 있는 것이라고 보았다.

일반적으로 사회적 기술이란 협동하기, 돕기, 나누기, 차례 지키기, 교환하기, 사회적 문제 해결하기 등을 통하여 대인관계 혹은 사회적 환경을 조절할 수 있는 능력을 말한다. 이와 같은 사회적 기술은 유아의 탈중심화에 있어서 기본적인 요인이므로 학자들은 사회적 기술의 발달을 돕는 데 관심을 가져왔다. 이원영, 박찬옥, 노영희(1993)는 사회적 기술을 인간 상호 관계 기술, 사회적 유능성, 사교성 및 친사회적 행동으로, 이연섭(1998)은 인간관계의 기초 기술, 신뢰, 개인적 욕구와 사회적 요구 조정 기술, 도움을 주고받으며 나누어 갖고 공유하는 기술 등으로 정의하였다. 황해익 외(2015)는 사회적 기술은 행위와 관련된 내용으로서 지식과 태도 및 가치와 밀접한 관련이 있으며, 사회적 기술의 내용은 McGinnis와 Goldstein(1990)이 제시한 바와 같이 개인 정서 조절 기술, 대인관계 형성 기술, 적응 기술로 정의한 바 있다. 또한 김영옥(2014)은 사회적 기술은 순서를 지키거나 기다릴 줄 알기, 대화하고 협의하는 기술, 상황을 수용하는 기술 등과 같이 일상의 사회생활에 필요한 기본 능력이라 보았다.

결국 사회적 기술이란 유아가 타인과 적극적인 상호작용을 통하여 긍정적으로 사회적 관계를 형성하기 위해 사회적 지식, 가치 및 태도를 실제 상황에서 적절하게 선택하고 조절하며 성공적으로 수행하고 실천하는 행동이라 정의할 수 있다. 이와 같은 사회적 기술의 내용과 방법의 예는 <표 1-1>과 같다.

표 1-1 사회적 기술의 내용과 방법

자아존중	이름	'○○야'라고 되도록 이름 불러 주기 (내 이름에 대한 소중한 감정의 인식)
	신체	거울에 자신의 신체를 비추어 보기 등 (신체의 각 부분이 모두 중요함을 인식)
	집단에 대한 소속	아픈 친구에게 위로의 그림 그려 주기, 생일 목걸이 만들어 주기 등(집단의 구성원임을 인식)
	자신감	옷걸이를 낮추어 물건을 걸 수 있는 스스로 할 수 있는 기회 확대하기(주스 따르기, 당번활동 등 스스로 할 수 있는 일 강조)
	타인과의 관련	'만일 친구가 없다면', '유치원 기사님이 없다면' 등 (혼자가 아닌 것에 대한 인식)
	의사소통하기	주말 동안 지낸 일이나 새 소식 발표 등 (잘 듣고 말하는 능력)
공유하기와 협력하기		- '나누어 가진다'는 것에 초점을 맞추기보다는 함께 나누었을 때 기분이나 감정이 좋은 것에 초점을 맞춤 - 작은 것이라도 함께 격려하고 협력할 기회를 마련함(의도적으로 자료의 수를 부족하게 할 수도 있음)

출처: 김영옥(2014). 유아사회교육. 경기: 양서원, p. 156.

사회적 능력은 유아의 사회적 발달을 설명해 주고 유아의 행위에 대한 이해를 촉진시켜 줄 수 있다는 점에서 그 중요성이 강조되고 있으며, 그중 사회적 기술은 사회화를 실천하는 방법적인 역할을 함으로써 유아들에게는 보다 중요한 도구와 기재가 될 수 있다(김영옥, 이나영, 2008; Maccoby, 1980). 이에 사회적 능력과 사회적 기술은 서로 연관되어 있으며 구체적으로 어떠한 과제를 수행할 능력이 있는가는 사회적 기술의 차원이고, 그 수행의 정도에 따라 사회적 능력의 정도가 좌우된다고 할 수 있다.

2. 사회적 가치와 덕목

Schiller와 Bryant(1998)는 유아에게 가르쳐야 할 기본 가치를 16가지로 분류하고 있으며, <표 1-2>는 16개 덕목에 대한 주요 개념을 정리한 것이다. 또한, <표 1-3>은 여러 사전적 정의에 기초하여 현장에서 이와 같은 개념을 목표로 설정하고 참고할 수 있도록 정리한 것이다.

표 1-2 사회적 가치와 덕목의 내용요소

Compassion & Empathy (동정심과 감정이입)	caring(돌봄) helping(돕기) compassion(동정심) kindness(친절) empathy(감정이입) thoughts(생각) experiences(경험) feelings(감정)
Cooperation(협동)	companionship(우정) help(도움) compromise(타협) partnership(공동, 협력) cooperation(협동) share(공유) efforts(노력) teamwork(협력, 공동작업) friends(친구) together(함께)
Courage(용기)	afraid(두려움) coping(극복) brave(용감) danger(위험) challenge(도전) fear(공포) courage(용기) imagination(상상) control(통제) strategy(전략)
Determination & Commitment (결심과 약속이행)	bond(결속감) determination(결심, 결단력) caring(실천, 행함) disappointment(실망) commitment(약속이행) goals(목표) completion(완성) progress(진보) decision(결정) setbacks(뒤로 물러섬)
Fairness(공정성)	fairness(공평성) just(올바른, 공정한) honesty(정직) justice(공정) cheating(속이기) injustice(불공평) dishonest(부정직한) rules(규칙) equitable(공평한, 정당한) unfair(불공평, 부정)

Helpfulness(도움)	appreciate(감사하다) help(돕다) assist(보조하다) helpful(도움이 되는) charity(자선) kindness(친절함) community(사회) opportunity(기회) giving(주기) useful(유용한)
Honesty & Integrity (정직과 성실)	fact(사실) trust(진실) fantasy(환상) trustworthy(신뢰) honesty(정직) truth(믿음) integrity(성실) untrue(허위) promise(약속) untrustworthy(믿지 못함)
Humor(유머)	exaggeration(과장) laughter(웃음) humor(유머) riddle(수수께끼) funny(익살맞은, 재미있는) nonsense(무의미한 말) joke(농담) humorous(유머러스한, 해학적인) serious(진지한) silly(어리석은)
Independence & Self-Reliance (독립성과 자립)	by myself(혼자서/스스로) freedom(자유) choices(선택) group(집단) confidence(확신) independence(독립심) decisions(결정) interdependence(상호의존) family(가족) self-reliance(자립)
Loyalty(충실)	beliefs(믿음) friends(친구) cause(원인) loyalty(충성) commitment(약속) promise(약속) faithful(성실한) sacrifice(희생) family(가족) trust(신뢰)
Patience(인내심)	anticipation(예상, 기대, 예감) now(지금, 현재) calm(조용한, 고요한) patience(인내심, 참을성, 끈기) delay(연기하다, 늦추다) planning(계획, 입안) goal(목적, 목표) preparation(준비, 채비) later(후에) waiting(기다리는 것, 기다림)
Pride(자긍심)	accomplishment(완성) goal(목표) achievement(성취) motivation(자극) challenge(도전) practice(연습) commitment(위임) pride(자긍심) effort(노력) struggle(버둥거림)
Resourcefulness (기략과 자원이 풍부함)	creativity(창의성) problems(문제) imagination(상상력) resources(자원) ingenuity(재간, 정교) resourcefulness(재간 있음) materials(자료) solutions(해결) opportunity(기회) useful(유용한)
Respect(존중)	acceptance(인정, 수용) polite(공손한) admire(칭찬, 찬양) preserve(보존하다, 지속하다) appreciate(감사, 칭찬) protect(보호하다) courtesy(예의) respect(신뢰) honor(존경) self-respect(자기 존중/자존감)
Responsibility (책임감)	accountable(책임 있는) dependable(신뢰할 수 있는) actions(행동) duties(의무) answerable(책임 있는) judgement(판단) choices(선택) responsibility(책임감) chores(허드렛일, 잡일) trustworthy(신뢰할 수 있는, 믿을 수 있는)
Tolerance(관용)	acceptance(인정, 수용) fairness(공정함) beliefs(신념) multicultural(다문화의) customs(관습) prejudice(선입견, 편견) conflict(충돌) tolerance(관용) differences(다양성) understanding(이해)

출처: Schiller, P., & Bryant, T. (1998). *The value book: teaching 16 basic values to young children.* Beltsville, MD: Gryphon House.

표 1-3 **사회적 가치와 덕목의 정의**

Compassion & Empathy (동정심과 감정이입)	동정심은 다른 사람들의 생각과 경험을 인식함에 따라 자연스럽게 느끼는 개인적 동질감이며 감정이입은 타인의 그러한 상태를 동일시하며 돕고자 하는 열망
Cooperation(협동)	다른 사람과 공동의 목적을 위해 에너지를 합하는 것
Courage(용기)	어려움과 위험, 고통이나 두려움에 직면했을 때 극복할 수 있는 전략을 생각하고 상황을 극복할 수 있는 힘
Determination & Commitment (결심과 약속이행)	약속이행은 우리의 신념과 추구하는 가치를 지키려는 일종의 서약이며, 결심은 우리에게 원하는 목표의 성취를 가능하게 하도록 마음을 정하는 일
Fairness(공정성)	편견 없는 태도와 공평(한쪽으로 치우치지 않음)하고 올바른 시각으로 다른 사람을 존중하는 것
Helpfulness(도움)	다른 사람을 원조하고 조력하는 기회를 찾고 실천하는 일
Honesty & Integrity (정직과 성실)	정직은 진실하게 이야기하고 공정하게 타인을 대함이며, 성실은 참되며 정성스럽고 거짓이 없는 태도나 말과 행동
Humor(유머)	우리의 일상을 밝게 하며, 우스운 농담이나 재치와 같은 희극적인 것을 판단하고 감지하는 능력
Independence & Self-Reliance (독립성과 자립)	남에게 기대지 않고 자기 힘으로 어떤 일을 하려고 하는 성질로서 스스로의 선택과 결정을 절충하는 힘이며 자신의 개인적 능력을 실행할 수 있는 자유
Loyalty(충실)	가족이나 친구 또는 특별한 집단이나 신뢰하는 대상에게 결코 변하지 않는 성실하고 정성스러운 감정
Patience(인내심)	목표를 향하는 과정에서 조용히 기다리고 괴로움이나 고통을 견디며 욕구를 지연시킬 수 있는 능력
Pride(자긍심)	자신의 가치와 재능에 대한 감각 또는 분별력. 해 볼 만한 일이나 어려운 목표를 달성하거나 또는 특별한 소유를 얻었을 때 스스로 기쁘고 자랑스러우며 떳떳하게 여기는 마음
Resourcefulness (기략과 자원이 풍부함)	새롭고 난처한 상황에서 일을 잘 처리하는 솜씨나 능력 또는 방법이나 방도를 창의적으로 생각해 내는 능력
Respect(존중)	누군가를 귀중하게 여기며 인정하고 칭송하는 것으로 훌륭한 행위나 인격에 대하여 예의와 존경과 신뢰를 보내는 일
Responsibility (책임감)	사물이나 사람에게 믿을 만하여 누군가가 의지할 수 있게 되는 것이며, 이러한 관계에서 반드시 해야 할 의무를 느끼는 것
Tolerance(관용)	다양한 의견이나 생활 또는 관습이 다른 대상에게 공정하며 편견 없이 너그럽게 대하는 것

[연세대학교 언어정보개발 연구원(2002). 연세 한국어사전. 서울: 두산동아./Harper Collins 편집부(2001). *Collins Cobuild English Dictionary for Advanced Learners*. New York: Harper Collins./Rundel, M. (2002). *Macmillan English Dictionary*. Macmillan/민중서림 편집부(2002). 엣센스 영한사전. 서울: 민중서림.]을 기초로 작성한 것임.

이와 같은 덕목들은 상당히 유기적 관계를 갖고 있다. 즉, 청결하다는 것은 그만큼 질서 개념과 연결되어 있다. 물건이 제자리에 가는 것은 정리정돈이며 사람이 제자리에 가는 것은 질서 개념으로 연결한다. 또한 질서는 마음대로가 아닌 절제의 개념과 관련된다. 이처럼 청결과 질서, 절제가 이루어짐으로써 예절의 총체를 이룬다(김영옥, 2014). 정직(honesty)은 진실(truth)을 배우게 하며 공정(fairness)은 올바름(justice)을 배우게 하는 것이라고 볼 때 우리가 알고 있는 도덕적 개념의 의미와 요소들을 생각해 봄으로써 보다 연계성과 방향감을 가질 수 있다.

이는 시기심이 평등에 대한 욕구와 관련되어 있음과 같은 이치다. 최근 Rolf Haubl의 저서에 대한 서평에서 "부자가 땅을 사면 그렇지 않는데 사촌이 땅을 사면 배가 아프다. 또한 박찬호의 어마어마한 연봉은 시기하지 않고 슬럼프에 빠진 박찬호가 우리처럼 괴로워한다는 뉴스를 보는 것만으로 시기심을 보상받으면서도 초등학교 동기생의 연봉이 1억 원이 넘는다는 것에는 심각하게 반응하는 예(동아일보 2002년 10월 12일자 40면)"를 들고 있다.

이렇게 볼 때, 평등과 시기심은 전혀 상반된 감정이기보다는 오히려 연결되어 있다고 볼 수 있다. 따라서 유아가 만나는 다양한 정서 및 사회적 상황에서 보다 긍정적인 사고로 전환할 수 있도록 하는 것이 바람직하다. 의욕이 없는 유아, 목적의식이나 성취욕이 없는 유아에게 무조건 '해 보자', '재미있단다', '무엇을 할 것인지 자세히 생각해 보자'와 같이 하기보다 자신의 성취욕이 '인정'받는다는 느낌을 주어야 한다. 또한 책임감은 '네 책임이야', '책임을 지자'보다는 '내가 소중하게 쓰이며 필요하다'는 느낌이 들 때 더 잘 길러질 수 있다.

3. 사회화와 사회과학의 기본 개념

유아를 위한 사회교육은 그 범위와 내용에 대하여 다양한 논의가 있겠으나 대체로 사회화와 사회과학으로 구분된다(김영옥, 2014). 사회화와 관련하여 다루어지고 있는 주요 개념들은 <표 1-4>와 같다.

표 1-4   **사회화 관련 개념**

• 기본생활습관	• 도덕성
• 자아개념	• 친사회적 행동
• 애착	• 우정, 권위, 공정성
• 성역할	• 정서지능
• 사회인지	• 문제해결 능력
• 공감 능력	• 위기 극복

기본생활습관, 도덕성 발달 등은 결코 다른 맥락이 아니며 그 개념이나 발달이 내포되어 있는 의미를 명료하게 하고 바람직한 교수–학습 방법으로 접목할 수 있다. 다양한 사회과학 분야도 그 기본 개념을 이해하고 이를 활동으로 연계해 볼 수 있으며 <표 1-5>를 참고할 수 있다.

표 1-5   **사회과학의 개념과 활동**

영역 및 주요 요소	내용 : 개념	활동
<역사> • 시간 • 변화 • 연속성 • 과거 • 현재 • 미래	• 시간의 흐름을 이해하고 연결 짓거나 구분해 본다. • 사람뿐만 아니라 물건과도 관련되어 형성됨을 안다. • 국경일이나 역사적 인물들의 배경과 존재를 이해한다. • 유아 주변(가족, 지역사회 등)의 물리적·시간적 변화를 안다. • 옛 사람들의 생활방식을 이해한다. • 시간의 개념(어제, 오늘, 내일)에 대해 안다. • 시간의 경과에 따른 생명체의 변화를 관찰한다.	• 자신과 가족의 존재 및 관계를 알아본다(사진첩 만들기, 가족나무 만들기 등). • 유치원 하루 일과 속에서 활동의 순서와 시간을 알아본다. • 유치원에서 일어나는 사건 및 국내외 새 소식에 관심을 갖는다. • 역사적 장소(박물관, 오래된 건물 등)를 방문하여 시대나 경험에 대한 이야기를 듣는다. • 생활의 변화를 알아본다(옛것의 쓰임새와 사용방법 등). • 나와 가족의 미래 모습을 그려 본다. • 자신이 기르는 식물의 성장과정을 관찰한다. • 계절에 따른 주변의 환경과 생활 모습을 비교한다.

(4) 감정 조절의 연습

감정을 조절하는 일은 쉽지 않다. 이는 단시일 내에 이루어지기 어려우므로 지속적인 연습과 끊임없는 노력이 동반되어야 한다. 기분이 나쁘거나 화나는 감정을 다루고 조절할 수 있는 기회를 제공하는 데 있어서 벌을 주거나 무조건 참도록 하는 것보다는 다양한 감정을 자신이 인식하도록 하여 그 감정을 긍정적인 방향으로 전환하며 수용하는 경험이 쌓여야 한다.

(5) 역할 담당 및 조망 수용의 기회

다른 사람의 감정과 생각, 의도, 관점을 생각해 볼 수 있는 조망 수용의 기회를 제공함으로써 자신과 연계성을 느끼고 타인의 입장이 되어 보는 역할 담당 능력(role taking ability)을 증진시킬 수 있도록 한다.

(6) 가치에 대한 토의와 탐구

자세히 들여다보고 다양한 생각을 해 보며 분류, 설명, 추리, 결과 예측, 가정 및 일반화를 포함한 탐구적 발문과 대화를 통하여 바람직한 가치와 개념에 보다 밀도 있게 접근할 수 있다. 유아는 토의에 참여할 뿐 아니라 자신의 생각을 명료화하게 되고 갈등 상황에서 문제를 파악하게 된다.

(7) 문제해결과 의사결정

유아는 주변의 크고 작은 문제에 부딪치고 해결해 보려고 궁리하는 가운데 나름대로 선택, 판단, 결정하는 과정에 참여하게 된다. 이러한 과정으로 인하여 합리적으로 사고할 수 있으며 동시에 책임감도 기르게 된다.

(8) 성향을 지원하고 강화하기

유아는 생산적인 활동에 참여할 수 있는 동기와 자극이 주어짐에 따라 자신의 좋은 감각을 연습하고 판단해 보며 책임감을 느껴 보는 기회를 갖게 된다. 성인의 개입을 최소화하여 자신의 양심(good sense)이라고 표현되는 성향을 지원하고 강화할 수 있다.

(9) 여러 사람들과 상호 협력하기

자기가 맡은 일을 끝내고 마무리하는 데에는 성취감이 포함된다. 그러므로 혼자보다는 여럿이 함께 해 보는 경험, 작은 생각이 모여 큰 일을 완성하는 경험, 친구끼리 만들고 구성한 것을 모아 큰 작품이 완성되는 일을 장려한다. 또한 일에 열중할 수 있는 경험을 포함하여 다양한 작업에 참여함으로써 생활 경험을 풍부히 한다. 즉, 타인이 단순히 옆에 존재하는 것만으로도 긍정적 영향을 받게 되는 소위, 사회적 촉진(social facilitation) 현상(김정희 외, 1993)이 그 좋은 예가 된다.

(10) 사회적 능력에 대한 다양한 정보를 구하고 수용하기

유아, 교사, 부모 등의 인적 자원 및 기타 다양한 자원에 대하여 호기심을 갖고 사회적 능력에 관련된 다양한 정보를 구하며 탐구하는 일이 필요하다. 뿐만 아니라 이러한 정보를 긍정적으로 수용하고 적극적으로 활용하는 노력도 요구된다.

2) 교수-학습 방법

Spodek과 Saracho(1991)는 유아교육이 타급학교 교육과 가장 구별되는 특성의 하나로 교수방법 및 교재·교구의 차이를 지적한 바 있다. 유치원 수업의 전문성은 적절한 교재·교구와 환경의 활용에 달려 있다는 많은 연구들(Click, 1990; Sciara & Dorsey, 1998)이 이를 뒷받침하고 있다. MacNaughton과 Williams(1998)는 유아교육에 필요한 교수기술을 27가지로 설명하였다. 이를 환경 구성 및 기본적 교수기술, 일반적 교수기술, 전문적 교수기술로 구분하면 26가지로 <표 2-2>와 같다. 일과계획과 같은 기본적인 교수기술에서 일반적이고 전문적인 능력을 확장함에 따라 다양하게 활용할 수 있는 기술과 방법들이다. 1~26의 방법들은 이와 같은 다양한 기술을 토대로 유치원 현장과의 관련성에 기초하여 정리해 본 것이다. 구체적 기술들의 습득과 함께 적재적소에 활용하는 능력이 필요하다.

표 2-2 **유치원 수업에 필요한 교수–학습 기술**

환경 구성 및 기본적 교수기술	• 장비와 교구 배치하기(positioning equipment and materials) • 수집하기(collecting) • 일과 계획하기(scheduling)
일반적 교수기술	• 보여 주기(demonstrating) • 묘사하기, 기술하기(describing) • 격려하기, 칭찬하기, 돕기(encouraging, praising and helping) • 촉진하기(facilitating) • 피드백(feedback) • 경청하기(listening) • 시범 보이기(modelling) • 사람 배치하기(positioning people) • 질문하기(questioning) • 읽기(reading) • 회상하기(recalling) • 노래 부르기(singing) • 제안하기(suggesting) • 말하기 · 교수하기(telling and instructing)
전문적 교수기술	• 함께 구성하기(co-constructing) • 재구성하기(deconstructing) • 문헌 제시하기(documenting) • 권한 부여하기(empowering) • 철학 세우기(philosophizing) • 문제 해결하기(problem-solving) • 강화하기(reinforcing) • 비계 설정하기(scaffolding) • 과제 분석하기(task analysis)

(1) 장비와 교구 배치하기(positioning equipment and materials): 사람이나 사물의 장소, 상황, 위치를 안배함

유아들의 학습을 지지하고 강화하기 위해 학습 교구를 배치하는 것으로 매일의 일과에서 실내외 공간의 물리적 구조 및 상호 관련성의 측면을 고려하며 건강과 안전, 심리적 매력, 자신감과 유능감의 고무, 참여의 평등성, 호기심 등을 촉진한다.

(2) 수집하기(collecting): 의미 있는 자원을 모으고 확보함

사물, 정보 그리고 사물을 의도적으로 함께 모으는 과정으로써 유아가 자신의 환경을 분류하고, 연결하고, 조직하는 법을 학습하도록 돕는다. 정원의 나뭇잎을 발견하는 것으로 시작할 수도 있으며 교사나 유아에 의해 주도되거나 개별적으로, 소그룹 또는 대그룹으로 활동할 수 있다.

(3) 일과 계획하기(scheduling): 프로젝트 절차, 이루어질 작업과 시간의 분배를 배정함

시간의 적절한 사용을 통하여 유아와 유아, 유아와 교사, 유아와 교구 사이의 상호작용의 속도와 지속에 대한 의사를 결정하는 일이다. 다양한 학습 유형과 패턴을 지지하고 모든 유아들이 프로그램에 참여하고 접근할 수 있는 형평성을 고려해야 한다.

(4) 보여 주기(demonstrating): 교구 사용방법, 과제 성취방법을 보임

어떤 것이 행해지는 과정을 보여 주는 것으로 새로운 기술을 가르치거나 유아들이 잊어버렸던 방법들을 상기시킬 수 있으며 문제에 접근하는 대안과 효과적인 방법들을 학습하도록 한다. 분명하고 명확한 언어적 교수를 사용하고 작고 순차적인 단계로 시작하며 반복을 통해 유아들이 각 단계에 친숙해지고 연습할 수 있는 기회를 제공한다.

(5) 묘사하기, 기술하기(describing): 언어와 그림으로 대상에 대한 세심한 특징을 기술함

어떻게 느끼고, 보고, 듣고, 맛보며 감동하는지에 대해 유아가 자기 일상 주변에 있는 사건, 사람 그리고 사물 간의 좀 더 복잡하고 세심한 구별을 하도록 도와준다. 교사는 질문을 통해 묘사하기를 강화할 수 있으며 교사는 유아가 익숙한 것을 묘사하고, 유아가 묘사할 주요 형상에 대해 생각해 보도록 한다.

(6) 격려하기, 칭찬하기, 돕기(encouraging, praising and helping): 용기와 자신감 교육, 칭찬과 감탄의 표현 및 조언을 함

과제 또는 경험에서의 어려움을 가질 때 유아를 지지하고 확신을 주어 과제를 지속하고 새로운 기술들을 학습할 수 있도록 돕는 것으로 언어적 격려, 칭찬, 비언어적 격려, 신체적으로 돕기 등이 포함된다.

(7) 촉진하기(facilitating): 더 쉽게 하도록 진행과정을 도움

교사는 유아들이 활동에 어떻게 접근하는지 관찰하고 어려움을 갖는 요소들을 확인해 보며 최소한의 중재로 어떻게 유아들이 더 쉽게 일을 해결할 수 있도록 할 것인가를 생각해 본다. 즉, 다른 유아에게 대안적 일을 제시해 주거나, 그 일을 더 쉽게 하도록 유아 가까이 도구를 놓아 주거나 가구를 이동시켜 공간을 더 넓혀 주거나, 유아들의 협동을 보조하기 위해 가까이 있어 주는 것과 같은 변화도 포함된다.

(8) 피드백(feedback): 탐구, 실험에 대한 반응을 제공 또는 제안함

경험의 전, 진행, 후에 관한 정보의 단서로서 유아들이 스스로의 행동을 평가할 수 있는 정보를 제공하고 다음에 할 것에 대해 생각하도록 기회를 주어 유아의 학습을 지지한다. 유아들의 학습 유형과 발달적 능력에 따라 적절해야 하며 유아들이 이미 행한 것에 대한 평가(판단)보다는 유아들이 하고 있는 것에 대해 묘사할 때, 특별한 사건 및 상호작용 행동을 묘사할 때, 언급한 행동의 직후에 주어질 때 더욱 적절하다.

(9) 경청하기(listening): 집중하기 위한 관심, 주의를 기울임

유아가 말하는 것이 무엇인지 알고 이를 이해하고자 할 때 사용되며 경청하기는 듣기, 들리는 것에 관심 가지기, 들리는 것 확인하기, 의미 있는 것으로 전환하기, 해석하기, 기억하기와 같은 절차를 거친다.

(10) 시범 보이기(modelling): 표상, 스스로 모범을 보임

유아에게 적절한 행동이라고 생각하는 기질, 태도, 가치의 예를 제시해 줌으로써 적절하게 행동하는 방법을 가르치며 모방하도록 하는 것이다. 직접적으로 유아의 학습에 개입하기보다 유아들의 습득하기 원하는 행동, 기술, 기질을 결정하고, 이를 달성할 수 있는 더 작은 단계와 내용을 확인한다. 또한 스스로 참여하고, 실행하고, 재생산하면서 모방된 학습에 흥미를 느끼도록 개별 유아의 능력에 유의한다.

(11) 사람 배치하기(positioning people): 사람이나 사물의 장소, 상황, 시간에 따라
　　　배치함

사람을 장소, 상황, 시간에 맞게 배치함으로써 유아의 학습을 지지하고, 안전을 유지

하는 것이며 매일의 사회적 조직화와 관련된 것으로 교사-유아 상호작용을 계획하며, 성인을 일관성 있게 배치한다.

(12) 질문하기(questioning): 사람에게 정보를 끌어내거나 반응을 유도하기 위하여 말을 함

새로운 정보를 얻거나 어떤 것에 대한 이해를 증가시키고 서로의 이해를 비교하기 위해 사용한다. 특히, 개방형 질문은 유아의 사고과정을 묻고 자극하며 그들의 사고, 이해, 상상 및 감정을 성인 또는 다른 유아들과 공유하도록 요구한다.

(13) 읽기(reading): 기록, 인쇄물을 보거나 해석하며 의미를 이해함

기록된 언어나 상징 또는 문장의 의미를 인식하고 이해하는 것이며, 유아가 자기 주변 세계에 대한 의미를 구성하도록 도와준다. 확실히 발음해 주기, 중요 단어 강조해 주기, 유아가 재미있어 하는 책 다시 읽어 주기, 읽은 것에 대한 질문할 기회 주기, 이야기 내용에 대해 유아와 함께 대화하기, 이야기를 다시 말해 보기 등이 포함된다.

(14) 회상하기(recalling): 과거를 떠올리고 재수집하며 기억을 되살림

과거에 알거나 경험했었던 것을 기억에서 가져오는 능력에 의존하며 그것을 재수집하거나 기억하는 것이다. 유아들이 하고자 하는 목표와 관련되고 흥미와 관심 및 친밀감이 높을 때, 성인과 함께 참여할 때 촉진될 수 있다.

(15) 노래 부르기(singing): 소리나 말로 나타내거나 명확히 함

자신의 목소리를 이용하여 음악적 소리를 만드는 것이다. 유아가 재미있어 하고 노래에 리듬을 붙여 춤출 수 있는 노래 선택하기, 성인이 노래 부르는 것을 즐거워하는 모습 보여 주기, 규칙적인 노래 부르기 등이다.

(16) 제안하기(suggesting): 고려할 만한 생각이나 계획을 제시함

다음에 할 활동에 대한 더욱 흥미 있고 효과적인 방법 등에 대한 충고, 아이디어, 권유를 제공하며 교사는 유아가 이를 수용할지의 선택을 허용한다. 유아들이 어릴수록 더욱 구체적이고 직접적인 제안이 필요하며 한 번에 한 가지 제안만 한다. 유아들이

교사의 제안을 수용하지 않을 수 있음을 인정하고 제안을 시험해 볼 시간을 허락한다.

(17) 말하기 · 교수하기(telling and instructing): 알리거나 지시함. 해야 할 것이나 방법을 직접 가르침

정보나 지식을 가진 사람이 이를 가지지 않은 사람에게 정보를 전하는 전통적인 교수기술이다. 상징적 사고에 의존하는 말하기는 구체적인 행동과 사물이 수반될 때 효과적이다. 간단하고 분명한 언어를 사용하고 어조, 몸짓을 통해 주요 내용을 강조하며 피드백을 통해 유아가 들었던 것을 이해했는가를 확인한다.

(18) 함께 구성하기(co-constructing): 내용물이나 부분을 함께 집합하고 상호 간에 결합함

교사와 유아가 함께 의미와 지식을 구성하는 것으로 교사는 사실의 획득보다는 연구해 가는 과정을 통하여 유아들과 함께 지식을 구성할 수 있다.

(19) 재구성하기(deconstructing): 내용물이나 부분을 집합시키며 특정한 부분을 가감하고 조정함

반차별 또는 반편견적 관점을 수행하기 원하는 교사를 포함하여, 재구성은 유아들이 공정한 것과 공정치 않은 것을 조정하며 일상생활 속에서 주변인들과의 관계를 이해하도록 돕는 데 사용될 수 있다. 어떻게 언어가 의미를 제한하는가를 보여 주고 이를 탐색하게 하여 새로운 의미의 가능성을 제시해 준다. 유아의 사회적 관계에 대한 이해의 실마리가 되는 단어나 개념의 의미를 질문하고 탐색하며 당연하게 받아들이고 있는 점이나 근거 없이 제한하고 있는 점을 살펴본다.

(20) 문헌 제시하기(documenting): 정보를 모으고 조직하기 위한 글이나 책자를 제공함

학습에 대한 글이나 그림 기록을 제공하여 정보를 모으고 조직하는 것이다. 유아의 학습을 관찰하고 언제 어떻게 문헌을 제시할지를 결정하며 유아의 학습을 관찰하여 기록한다. 유아 작품 사진 찍기, 유아의 말이나 대화 녹음하기, 유아의 학습과정과 결과물을 비디오로 녹화하기, 유아의 말이나 관찰한 것 전시하기, 유아의 작품에 대한 포트폴리오 수집하기도 포함된다.

(21) 권한 부여하기(empowering): 할 수 있도록 허락하고 힘과 권한을 줌

참여하기를 원하는 활동 또는 간식 먹을 시기 등을 결정할 능력이나 기회를 제공하는 것으로 유아들이 학습에서 통제와 참여를 위한 경험을 결정한다. 교수-학습 전략을 선택하고 형평성, 공정성에 적합한 내용을 선정하며 그 진행상황을 유아들과 함께 평가한다.

(22) 철학 세우기(philosophizing): 기본적인 철학이나 논리를 제시함

무엇이 사실이며 사실에 대하여 무엇을 알고 있는지 또 어떻게 발전시킬 수 있는지 고민하고 논리를 제시하는 것이다. 유아에게 토의를 위한 다양한 교재, 책, 노래, 시 등을 선택하고 제시하며 보거나 들은 것을 질문함으로써 다양한 사고를 촉진한다.

(23) 문제 해결하기(problem-solving): 사물, 사건, 사람에 대한 논리와 문제를 풀고 극복함

유아들이 일상생활 속에서 직면하는 문제, 퍼즐, 의문점, 딜레마, 곤경과 궁지에 대한 해답을 발견하는 방법을 배우도록 돕는 것이다. 문제 해결의 분위기 조장하기, 문제를 해결하기 위한 시간과 공간 제공하기, 문제 해결을 격려하기 위한 교구 사용하기와 해결해야 할 적절한 문제들을 선택하고 문제 해결하는 방법을 알도록 한다.

(24) 강화하기(reinforcing): 힘을 더하고 지지함

유아들의 독특한 행동을 증가시키거나 줄이는 데 사용된다. 유아들에게 기여되는 행동 목표를 결정하며 이를 위한 보상을 결정하고 계획을 세운다. 몸짓, 접촉, 활동, 토큰 등의 다양한 보상이 사용될 수 있으며 진행 과정을 관찰하고 프로그램을 수정해 간다.

(25) 비계 설정하기(scaffolding): 학습과정을 지원하기 위하여 옆에서 조력 또는 버팀대를 마련함(구조물을 세우고 수리 또는 지원하기 위하여 임시로 구조물이나 지지대를 설치함)

비계는 보다 능력 있는 협력자가 과제에 대한 상대방의 수행능력에 따라 도움을 지지하고 조절해 가는 과정이다. 교사는 유아가 한 단계에서 다른 단계로 이동할 준비가 될 때를 결정하는 것과 그 이동을 지지하거나 안내 혹은 도와줄 시간과 절차에 대한 지식과 판단력이 필요하다.

(26) 과제 분석하기(task analysis): 구성요소에 따라 특징짓고 세분화함

해야 할 작업과 관련된 주요 요소 및 과제에 대한 세심한 작업의 단계를 이해하도록 하는 것이다. 과제 분석하기는 주어진 과제와 관련된 유아의 능력을 분석한 후 과제 자체에 대해 분석하기의 2단계로 구분될 수 있다.

Chapter **03**

교수-학습 적용

1. 가치 개념의 선정 및 전개

1) 개념의 선정

유아의 사회적 능력을 길러주기 위한 교수-학습 계획에서 또는 우발적인 상황에서 적절한 가치 개념을 선정하거나 도입하는 것은 중요하다. 이러한 가치 개념의 선정과 도입은 다루어지고 있는 교육과정과 연계하여 계획적으로 이루어질 수도 있고, 교수-학습 과정에서 우발적으로 발생하는 상황에서 다루어질 수도 있다.

가치 개념을 선정한 후에는 선정된 가치에 대하여 그 정의와 하위 개념을 파악해 봄으로써 유아에게 접근할 수 있는 범위를 보다 구체화할 수 있다. 여러 가지 가치 개념 중 '공정성'을 예로 들면 다음과 같다.

학기 초 유치원 생활에 적응하는 기간 중 유아들은 다양한 상황에서 갈등을 겪는다. 한 유아가 블록을 너무 많이 가지고 놀기 때문에 블록이 더 필요한 유아, 재미있는 컴퓨터 프로그램을 하기 위해 애타는 마음으로 오랫동안 기다리고 있는 유아, 놀이터에서 너무 오랜 시간 동안 그네를 타는 다른 유아 때문에 짜증스러운 표정으로 기다리는 유아들을 볼 수 있다. 교사는 이때 발생하는 갈등의 원인이 주로 '공정성'에 관련된 것임을 알 수 있다. 그리고 상황에 따라 '네가 좀 나누어 주겠니?', '오랫동안 탔으니 다른 친구에게도 양보하자'라고 개입하여 마무리할 수도 있을 것이다. 그러나 '공정성'과 관련하여 이를 좀 더 구체화하고 내면화할 수 있는 기회를 제공해야 할 경우도 있다. 이러한 과정에는 '공정성'이라는 개념의 정의를 알아보고 그 하위 요소를 생각해 보는 일이 요구된다. 즉, '공정성'이란 '편견 없는 태도와 공평(한쪽으로 치우치지 않음)하고 올바른 시각으로 다른 사람을 존중하는 것'으로서 몇 가지 하위 개념으로 구분된다. 이러한 하위 개념을 유아교육기관에서 일어날 수 있는 다양한 사건들과 연결지어 봄으로써 보다 구체적인 방법과 개입의 시기를 결정할 수 있게 된다.

첫째, 사물이나 기회를 배분(예: 이야기 나누기할 때 공평한 발표 기회를 갖는 경험, 공평한 심부름의 기회를 갖는 것, 간식이나 장난감의 양을 공평하게 나누는 것 등)

둘째, 사물이나 기회의 선택(예: 간식이나 장난감의 종류를 선택<선호도>하는 경험, 흥미영역을 선택하는 것, 놀잇감 사용순서를 기다리는 것 등)

셋째, 개인의 특성 및 조건의 고려(예: 장애아 또는 아프거나 불편한 유아를 배려하는 경험, 어리거나 나이든 연령 차이에 대한 배려, 능력에 대한 배려<글자, 음악, 미술, 기타 신체적 조건> 등)

넷째, 규칙의 적용(예: 컴퓨터 사용시간 지키기, 그네 타는 시간 정하고 지키기, 사용자의 능력 및 시기 등)

2) 개념의 전개

위와 같은 구상을 토대로 유아교육기관의 일과 속에서 '공정성'이 어떻게 다루어질 수 있는가를 전개해 보면 다음과 같다.

👓 등원

- 규칙 정하고 지키기(예: 원에 도착한 후 소지품을 개인 보관함에 정리하기, 실내화로 바꾸어 신고 교실로 들어가기)
- 아프거나 몸이 불편한 친구 배려하기

🌰 자유선택활동

- 선택한 흥미영역에 정해진 인원이 차 있을 경우 다른 활동을 하며 기다리기
- 놀고 싶은 영역과 놀잇감 선택하기
- 컴퓨터 사용순서 및 정해진 시간 지키기
- 놀잇감 똑같이 나누어 사용하기
- 놀잇감(활동영역) 사용순서 지키기

🌰 정리정돈

- 정리정돈 시의 규칙 정하고 실행하기(예: 활동했던 영역과 놀잇감 스스로 정리하기, 함께 정리하는 시간에 놀지 않기)

🌰 대 · 소집단 활동

- 이야기 나누기
- 발표 기회를 고르게 배려하기(회수 및 시간)
- 내가 발표할 때 다른 사람이 경청하는 것처럼 다른 사람이 발표할 때 나도 경청하기
- 정해진 카펫에 앉아 이야기 나눌 때 유아의 신체적인 조건 고려해서 앉기(예: 장애아, 몸이 아프거나 불편한 유아, 너무 어려서 바닥에 앉아 있기 어려운 경우)

- 작업/동극/음률/게임 등
- 작업의 내용 및 재료를 의논하여 선정하기
- 역할 분담 의논하여 선정하기
- 어린 유아의 경우 손쉽게 활용할 수 있는 방법 및 자료 제공
- 작업 도중 재료가 부족할 경우 해결 방법 의논하고 실행하기(예: 재료가 남은 유아가 더 필요한 유아에게 주기, 조금씩 나누어 주기 등)
- 도움이 필요한 친구 도와주기(예: 도구를 사용하는 방법, 꾸미는 방법 등)
- 재료 분배 및 사용순서(시간) 의논하여 결정하기

🌰 간식 · 점심

- 정해진 순서에 따라 줄 서기
- 먹고 싶은 간식을 선택하기
- 적절한 양만큼 가져오기
- 간식(점심) 먹을 때 규칙 정하고 실행하기(예: 간식 먹은 후 내 자리 정리하기)

🌰 바깥놀이

- 놀이기구 사용시간 정하고 지키기(예: 그네, 시소, 미끄럼틀, 자전거 타기 등)
- 놀이기구 이용 시 줄서기
- 바깥놀이 규칙 정하고 지키기(예: 미끄럼틀 거꾸로 타지 않기)

🌰 귀가

- 출입문에서의 규칙 정하고 지키기(예: 밀지 않고 줄을 서서 나가기)
- 신체적 장애가 있는 친구 배려하기

유아교육기관의 일과 중에는 '공정성'과 관련된 경험을 접할 수 있는 기회가 얼마든지 많이 있다. 가치 개념을 일과 안에 통합하고자 할 때 교사는 환경을 준비하고 적절한 시기에 최소한의 개입을 할 수 있다.

2. 가치 개념의 일과 적용

1) 가치지향적 교수-학습 활동의 구성(예: 공정성)

가치 개념은 앞에서 살펴본 바와 같이, 일과 속에서 자연스럽게 전개시켜 나갈 수도 있지만 교육활동으로 구성하여 제시해 주는 적극적인 개입도 필요하다. <표 3-1>은 일반적 활동에 '공정성'이라는 가치 개념을 첨가하여 재구성한 가치지향적 교수-학습 활동안의 한 예다.

2. 가치 개념의 일과 적용

표 3-1   가치지향적 교수-학습 활동의 구성(예: 공정성)

	A ↔ B		
목표	• 협력을 통한 조형 활동 경험 • 감상을 통한 심미감 형성	+	공정성
활동	찰흙으로 지형 꾸미기		
준비	• 준비물(찰흙 점토, 비닐, 파란색 물, 큰 화분 받침, 사진 자료: 다양한 지형, 수수깡, 이쑤시개) • 5~8명의 유아가 함께 모인다. • 다양한 지형의 사진을 보며 이야기 나눈다. 　- 우리 주변에서 볼 수 있는 것 　- 섬이나 호수를 본 경험	• 준비물(찰흙 점토, 비닐, 파란색 물, 큰 화분 받침, 사진 자료: 다양한 지형, 수수깡, 이쑤시개) -기타 유아들이 의논한 준비물 • 5~8명의 유아가 함께 모인다. • 다양한 지형의 사진을 보며 이야기 나눈다. 　- 우리 주변에서 볼 수 있는 것 　- 섬이나 호수를 본 경험 • 지형 꾸미기에 대해 이야기 나눈다. 　- 꾸미는 방법 및 역할 분담(예: 각자 작업한 결과를 합하기, 같이 꾸미고 싶은 친구와 함께 꾸미기, 먼저 큰 지형을 꾸민 후 꾸미고 싶은 곳을 선택하여 꾸미기 등) 　- 재료 선정 및 준비(어린 유아의 경우 꾸미기 쉬운 방법과 재료 제공하기) 　- 재료의 분배(분배 방법, 공정한 분배의 양의 결정)		
개입	• 준비한 재료를 가지고 다양한 지형을 꾸민다. 　- 자유롭게 점토를 가지고 높게, 낮게 꾸미기 • 점토 이외의 자료를 첨가시켜 꾸며 본다. 　- 수수깡, 이쑤시개로 나무나 집 꾸미기 　- 블록에 있는 사람이나 동물 모형을 첨가시키기 • 점토 꾸미기가 다 끝나면 준비한 색물을 붓는다. 　- 우리가 꾸민 이곳에 비가 온다고 생각해 보기 • 물이 괸 곳, 물 위로 솟은 곳 등 여러 지형을 살펴보고 이야기를 나눈다. 　- 물을 붓고 나서 나타나는 현상 • 협력하여 조형 활동을 한 느낌을 이야기해 본다.	• 준비한 재료를 가지고 다양한 지형을 꾸민다. 　- 작업 도중 찰흙이 더 필요한 경우 해결방법 의논 후 실행하기(예: 찰흙을 쓰고 남은 유아가 더 필요한 유아에게 주기, 조금씩 떼어서 주기 등) 　- 필요한 도구의 사용시간 및 순서 지키기 　- 도움이 필요한 또래 도와주기 • 함께 꾸민 것을 보고 이야기 나눈다.		

찰흙으로 꾸며 보는 교육활동안의 예(A)에서는 준비된 자료를 가지고 친구들과 함께 꾸며 보는 것에 초점을 두어 협력해 보는 경험과 감상해 보는 경험을 하도록 계획되어 있다. 여기에 '공정성'이라는 가치 개념을 보다 강조할 경우(B) 활동준비 상황에서 꾸미는 방법과 역할 분담, 재료 선정과 준비 및 분배 등의 과정에 유아들이 의논하여 결정하게 함으로써 합리적인 결정이 되도록 배려하고, 활동과정에서 발생하는 우발적인 상황에서도 사물의 양이나 기회, 개인의 특성 및 조건, 규칙 등을 경험해 볼 수 있도록 제시하고 있다. 이렇게 하여 교육활동 과정에서 발생하는 갈등을 최소화하고 목표로 하는 개념에 보다 접근할 수 있다.

2) 수업 유형별 구성 비교

교수-학습 활동은 교사의 목표에 따라 다르게 전개된다. <표 3-2>는 그 유형에 따른 구성을 비교해 본 것이다. 교사가 같은 요리활동을 수행할지라도 세 가지 유형에 따라 수업의 전개가 각기 달라지는 것을 알 수 있다. 수업에 대한 계획은 매우 중요하므로 교사가 의도하고 다루려는 방향이나 목표에 따라 적절한 교수방법을 항상 고민해야 한다.

표 3-2　　**수업 유형별 비교**

활동명	송편 빚기		
수업 유형	A교사: 요리활동	B교사: 반편견적 요리활동	C교사: 인내의 요소를 반영한 요리활동
활동 목표	▷ 송편은 추석에 먹는 우리나라 고유 음식임을 안다. ▷ 음식 재료의 변화 과정을 관찰한다. ▷ 송편을 스스로 만들어 먹어 본다.	▷ 지방(나라)마다 추석(추수감사절)에 먹는 음식을 알아본다. ▷ 다양한 송편이 있음을 안다. ▷ 송편의 여러 가지 특징을 알아본다. ▷ 다양한 송편을 만들어 먹어 본다.	▷ 다양한 송편이 있음을 안다. ▷ 활동을 계획하여 준비하고 실행해 본다. ▷ 만족지연의 필요성을 느껴 보고 실행해 본다.

내용 요소		• 회상 • 예정된 준비 • 예정된 진행에 따른 참여 • 예측 • 관찰 • 성취감	• 회상 • 다양성과 차이점에 노출 • 반편견적 사고 경험 • 자유로운(또는 예정된) 선택 및 참여 • 성취감	• 회상 • 계획, 기대, 예상 • 자발적 준비 • 만족지연을 위한 계획 • 만족지연 • 자부심, 성취감
활동 자료		• 쌀가루 • 뜨거운 물 • 반죽의 색을 내는 자료-쑥, 치자 • 소-콩, 건포도 • 익히기 위한 자료-큰 그릇, 찜솥, 솔잎, 가열기구 • 요리 순서도(교사 제작)	• 쌀가루 • 뜨거운 물 • 반죽의 색을 내는 여러 가지 자료 • 소-각 지방마다 독특한 자료들 • 익히기 위한 자료-큰 그릇, 찜솥, 솔잎, 가열기구 • 요리 순서도(교사 또는 유아 제작) • 각 지방 송편 사진(그림)	• 쌀가루 • 뜨거운 물 • 반죽의 색을 내는 여러 가지 자료 • 소-유아들이 생각해 낸 여러 가지 재료들 • 익히기 위한 자료-큰 그릇, 찜솥, 솔잎, 가열기구, 기타 유아들이 필요하다고 생각한 자료들 • 송편이 익는 동안 하는 활동의 재료
활동방법	**계획**	▷ 송편에 대해 이야기 나눈다. • 송편을 먹어 본 적이 있니? • 어떻게 생겼니? ▷ 송편 빚기에 대해 이야기 나눈다. • 오늘은 송편 빚기를 해 보자. • 송편을 빚으려면 무엇이 필요할까? • 송편 빚는 순서를 알아보자.	▷ 추석(추수감사절)에 먹는 음식에 대하여 알아본다. • 미국(칠면조)/중국(월병)/그리스(옥수수, 케이크, 과일)/일본('오분' 제례 음식-고기, 생선 사용 안 함) 등 ▷ 송편에 대해 이야기 나눈다. • 어떤 송편을 먹어 보았니? (맛, 색, 모양, 소 등) ▷ 각 지방의 여러 가지 송편 그림을 보며 이야기 나눈다. • 이런 송편을 본 적이 있니? • 어떤 색(모양, 크기)이니? • 맛은 어떨까? • 속에는 무엇이 들었을까? • 어떤 송편을 먹어 보고 싶니? • 어떤 송편을 만들어 보고 싶니?	▷ 송편에 대해 이야기 나눈다. • 송편을 먹어 본 적이 있니? • 어떤 송편을 먹어 보았니? (송편의 맛, 색, 모양 등) ▷ 송편 빚기에 대해 이야기 나눈다(계획, 기대, 예상). • 어떤 송편을 빚고 싶니? • 송편을 빚으려면 무엇이 필요할까? • 송편을 빚으려면 어떻게 해야 할까?

준비		▷ 필요한 재료를 준비한다. ▷ 요리 순서도를 보면서 송편 빚는 방법을 이야기한다. • 소 만들기 • 반죽하기 • 소 넣기 • 모양 빚기 • 쩌 내기	▷ 만들고 싶은 송편의 재료를 준비한다. ▷ 송편 빚는 순서를 알아본다. • 소 만들기 • 반죽하기 • 소 넣기 • 모양 빚기 • 쩌 내기	▷ 만들고 싶은 송편의 재료를 준비한다. ▷ 의논하여 결정한 송편 빚는 순서를 살펴보고 역할을 분담한다. ▷ 송편을 빚기 위해 재료와 장소를 준비한다. • 여러 가지 소 재료 • 반죽의 색을 내기 위한 자료(쑥, 치자 등) • 반죽용 그릇, 책상, 의자 준비 및 배치 • 송편을 익히기 위한 안전한 장소 및 준비물 등
활동방법	실행	▷ 재료에 따른 반죽 색의 변화에 대해 예측해 본다. • 쑥가루를 넣으면 어떻게 될까? ▷ 쑥, 치자 등을 넣었을 때 반죽이 예측한 대로 변화되었는지 관찰한다. ▷ 송편을 먹으며 맛에 대해 이야기 나눈다.	▷ 요리 순서도를 보면서 송편을 만든다. ▷ 여러 가지 송편을 종류별로 담아 진열한 후 먹고 싶은 송편을 먹어 본다. ▷ 다른 사람이 만들고 담은 송편의 모양을 관찰한다. ▷ 내가 좋아하는 송편을 각자 이야기해 본다.	▷ 의논하여 결정한 방법으로 송편을 빚는다. ▷ 송편을 찜통에 넣고 익는 동안 기다린다. • 처음에 아무것도 하지 않고 기다려 본다(약 2~3분 정도). ▷ 기다리는 것에 대해 이야기 나눈다. • 이렇게 앉아서 많이 기다려야 한다면 어떻겠니? • 이렇게 많이 기다리는 동안 무엇을 하면 좋겠니? ▷ 송편이 익는 동안 할 수 있는 활동을 선정한다(예: 익힌 송편을 먹음직스럽고 보기 좋게 담아 내놓기 위한 방법, 송편을 함께 먹고 싶은 사람에게 편지 쓰기 또는 카드 만들기, 송편 만들기 주문 외우기, 먹고 싶은 개수 조사하기<그래프 활동>, 다 만들어진 모양<색, 맛, 냄새> 예상해 보기, 상차림 배치도 등)-(기대, 예상) ▷ 선정한 활동을 한다. -(만족지연)

비고		▷ 활동이 끝나면 모인다. ▷ 송편을 먹으며 이야기 나눈다. • 맛이 어떠니?(송편을 먹으니 기분이 어떠니?)-(자부심, 성취감)

비고	매개적 생각이나 행동을 유도하는 것이 즉각적인 생각이나 행동(충동)을 자제하는 데 도움을 준다.

3. 교수-학습 활동의 전개

교수-학습 활동을 전개하는 데 있어서 『행복한 의자나무』를 소재로 동기화 방법 및 관련 주제와 통합적 접근을 생각해 보기로 한다.

1) 소재의 선정과 접근

『행복한 의자나무』

랑슈린(梁淑玲) 글 · 그림/박지민 옮김(2002): 대만 목동피리상 수상작

제멋대로에다 자기밖에 모르는 이상한 나무 한 그루가 있었다. 새들이 모여 앉아 떠드는 것이 싫어서 나뭇잎은 몇 장만 있었고, 벌과 나비가 놀러오는 것이 싫어서 향기도 없었으며, 아이들이 오는 것이 싫어서 몸을 미끄럽게 만드는 이기적인 나무였다. 어느 날 산책을 하던 거인 에이트가 이기적인 나무에게 "아아! 너에게 걸터앉으니 정말 기분이 좋은 걸" 하고 말하자 나무는 처음으로 칭찬을 듣고 너무도 행복하여 에이트를 위해 그늘을 만들고 꽃도 피운다. 자기밖에 모르던 이기적인 나무는 에이트로 인해 베푸는 기쁨을 알게 되고, 그 과정에서 얻은 친구들(여러 가지 동물들, 아이들)의 도움과 사랑으로 더욱더 커다랗게 자라 모두에게 행복을 주는 나무가 되어 가는 과정을 그린 그림동화다.

목동피리상

대만에서는 국어일보의 아동문학 목동피리상이 1994년에 처음으로 제정되어, 2년에 한 번 우수한 어린이 창작문학작가와 동화와 그림책에 수여하고 있고, 동화의 소재는 작가의 자유로운 상상과 아이들이 가장 좋아하는 상상놀이로 표현된다. '목동 피리'는 농촌의 악기이고 고향에 대한 사랑과 같고, 그 소리는 예술창작품처럼 사람을 감동시키는데, 100여 개가 넘는 작품들 중에서 목동피리상을 수상한 작품은 아동문학의 백미이고 문학으로서의 가치도 충분하다.

[그림 3-1]은 경력 7년의 교사가 담당하고 있는 K시의 만 5세 두 학급 유아들(4그룹)을 대상으로 각각 이들의 반응에 대한 개념도를 간략하게 구성해 본 것이며, [그림 3-2]는 가상적인 교수 개입의 과정을 비교한 것이다.

용도

책 읽을 때/밥 먹을 때/자전거 탈 때/
공부할 때/글씨 쓸 때/미술놀이 할 때/
텔레비전 볼 때/버스 탈 때/전등 갈 때/
피아노 칠 때/그림 그릴 때

의자

필요한 곳

① 일상생활
보행기 안/소파/미술하는 곳/피아노/식당/미술학원/
컴퓨터/유모차/텔레비전 보는 곳

② 동물
여객선/잠수함/자동차/비행기/기차/오토바이/배/
지게차/버스/자전거/헬리콥터/기차 속

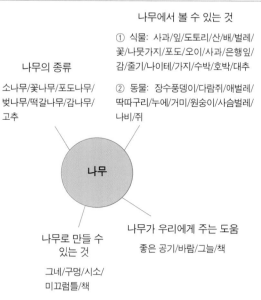

나무에서 볼 수 있는 것

① 식물: 사과/잎/도토리/산/배/벌레/
꽃/나뭇가지/포도/오이/사과/은행잎/
감/줄기/나이테/가지/수박/호박/대추

② 동물: 장수풍뎅이/다람쥐/애벌레/
딱따구리/누에/거미/원숭이/사슴벌레/
나비/쥐

나무의 종류

소나무/꽃나무/포도나무/
벚나무/떡갈나무/감나무/
고추

나무

나무로 만들 수
있는 것

그네/구멍/시소/
미끄럼틀/책

나무가 우리에게 주는 도움

좋은 공기/바람/그늘/책

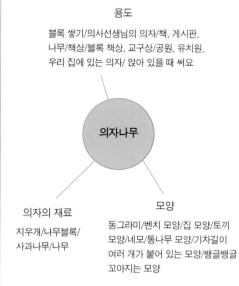

용도

블록 쌓기/의사선생님의 의자/책, 게시판,
나무/책상/블록 책상, 교구상/공원, 유치원,
우리 집에 있는 의자/ 앉아 있을 때 써요

의자나무

의자의 재료

지우개/나무블록/
사과나무/나무

모양

동그라미/벤치 모양/집 모양/토끼
모양/네모/통나무 모양/기차길이
여러 개가 붙어 있는 모양/뱅글뱅글
꼬아지는 모양

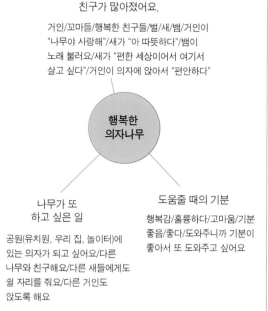

친구가 많아졌어요.

거인/꼬마들/행복한 친구들/벌/새/뱀/거인이
"나무야 사랑해"/새가 "아 따뜻하다"/뱀이
노래 불러요/새가 "편한 세상이어서 여기서
살고 싶다"/거인이 의자에 앉아서 "편안하다"

행복한
의자나무

나무가 또
하고 싶은 일

공원(유치원, 우리 집, 놀이터)에
있는 의자가 되고 싶어요/다른
나무와 친구해요/다른 새들에게도
쉴 자리를 줘요/다른 거인도
앉도록 해요

도움줄 때의 기분

행복감/훌륭하다/고마움/기분
좋음/좋다/도와주니까 기분이
좋아서 또 도와주고 싶어요

그림 3-1 **4가지 유사한 주제에 대한 유아들의 반응과 개념 구성**

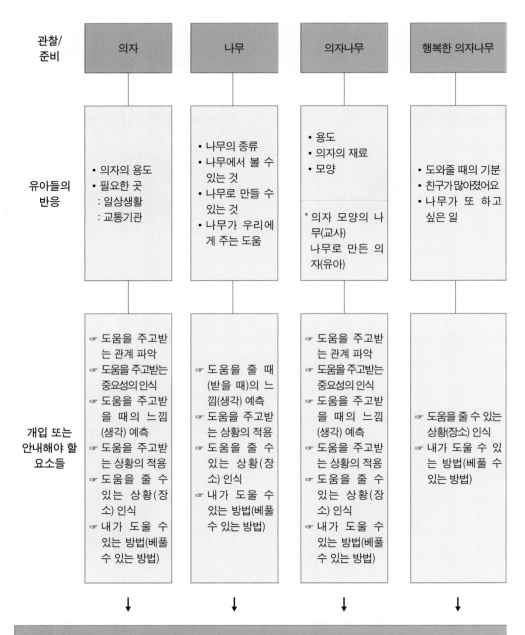

관찰/준비	의자	나무	의자나무	행복한 의자나무
유아들의 반응	• 의자의 용도 • 필요한 곳 : 일상생활 : 교통기관	• 나무의 종류 • 나무에서 볼 수 있는 것 • 나무로 만들 수 있는 것 • 나무가 우리에게 주는 도움	• 용도 • 의자의 재료 • 모양 * 의자 모양의 나무(교사) 나무로 만든 의자(유아)	• 도와줄 때의 기분 • 친구가 많아졌어요 • 나무가 또 하고 싶은 일
개입 또는 안내해야 할 요소들	☞ 도움을 주고받는 관계 파악 ☞ 도움을 주고받는 중요성의 인식 ☞ 도움을 주고받을 때의 느낌(생각) 예측 ☞ 도움을 주고받는 상황의 적용 ☞ 도움을 줄 수 있는 상황(장소) 인식 ☞ 내가 도울 수 있는 방법(베풀 수 있는 방법)	☞ 도움을 줄 때(받을 때)의 느낌(생각) 예측 ☞ 도움을 주고받는 상황의 적용 ☞ 도움을 줄 수 있는 상황(장소) 인식 ☞ 내가 도울 수 있는 방법(베풀 수 있는 방법)	☞ 도움을 주고받는 관계 파악 ☞ 도움을 주고받는 중요성의 인식 ☞ 도움을 주고받을 때의 느낌(생각) 예측 ☞ 도움을 주고받는 상황의 적용 ☞ 도움을 줄 수 있는 상황(장소) 인식 ☞ 내가 도울 수 있는 방법(베풀 수 있는 방법)	☞ 도움을 줄 수 있는 상황(장소) 인식 ☞ 내가 도울 수 있는 방법(베풀 수 있는 방법)

사회적 능력: 돕기/나누기/베풂

* 교사는 '의자 모양의 나무'라고 제시했지만 대부분의 유아는 '나무로 만든 의자'를 생각했다.

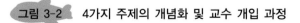

그림 3-2　4가지 주제의 개념화 및 교수 개입 과정

(5) 적절하게 질문하기

광범위한 질문을 피하고 상황에 맞는 적절한 질문을 하는 일은 쉽지 않다. 이 질문에 따라 대화가 진행되기도 하고, 단절되기도 하며 유아의 독특한 생각이 발전되고 나아가 사회적 유능성과도 연결된다.

또한 이유와 원인을 찾아내고 사고하도록 돕는 소위 '열린 질문'이 바람직하다 할지라도 전후 관계가 연결되지 않은 상황에서 갑자기 '왜 그럴까? 너는 왜 그렇다고 생각하니? 좋은 방법은 없을까?'라고 묻는 것은 도움이 되지 않는다. 유아의 생각을 동기화하고 적절히 자극하는 데는 이와 같은 질문에 대한 다양한 기술이 필요하다. '효과적인 질문의 7가지 습관'(Sadker & Sadker, 1999) 등이 시사하는 바와 같이 평소에 체계적인 훈련이 필요하다.

(6) 긍정적인 용어로 바꾸어 말하기

교사는 유아들에게 많은 것을 지시하며 동시에 많은 것을 하지 말도록 강요한다. '안 돼! 절대 안 돼! 그러면 안 된다고 몇 번이나 말했니? 그러면 나쁜 친구야' 등의 부정적인 말을 여러 번 사용하게 된다. 이때 미리 환경을 바꾸어 준비해 주거나 주의를 다른 곳으로 집중하게 하는 방법을 고려해 볼 수 있다. 예를 들면, 매일 싸움이 일어나는 쌓기영역의 경우 블록의 양을 적당히 조절하고 공간을 재배치하거나, 인원 수를 조정하는 것도 필요하다. 또한 좁은 계단에서 한눈을 파는 유아에게 무작정 '한눈 팔지 마라'하기보다는 '아래를 잘 보면서 걷자'라고 긍정적으로 말하는 것도 주의를 환기시키는 방법이다.

2) 공정하게 대하고 존중하기

(1) 원칙이나 기록물에 근거하기

유치원 생활에서의 규칙이나 약속이 일관성 있게 유지될 때 유아들은 신뢰감과 안정감을 느낄 수 있다. 돌아가면서 일일 반장을 맡기로 결정했는데 실수로 한 유아에게 두 번 반장을 하게 했을 때 유아들은 불만을 가질 수 있다. 이러한 경우, 날짜와 그 날의 반장을 기입해 놓는 종이를 모두가 볼 수 있는 곳에 배치해 놓고 함께 확인해 보는 것이 좋다. 규칙을 잊어버리고 분쟁이 일어날 때 교사에게 달려와 물어보거나 확인하는 경우, 교사가 알고 있다고 하더라도 자신이 직접 말하기보다는 유아와 함께 원칙이나 근거를 기록한 장소에 같이 가서 읽어 보거나 상기시켜 줄 수 있다.

(2) 자격에 알맞은 성숙한 행동을 요청하기

간식시간에 옆 친구와 장난을 치다가 우유를 엎지른 만 5세 유아에게 '너는 이제 병아리 반이 아니야, 언니 반이야.'라고 꾸짖는 것은 어린 반 동생들에게 보호하고 잘 돌보아 주려는 유아들의 성향을 손상시킬 수 있다. 이러한 방법은 유아들로 하여금 자신이 거쳐 온 어린 반에 대한 자부심보다는 수치심을 느끼도록 할 수 있다. 그러므로 '네가 닦을 수 있겠니? 친구랑 장난치지 않으면, 다음엔 흘리지 않을 거야.' 또는 닦은 후에 '역시 언니 반 친구답구나.' 하고 기대되는 행동에 대한 명료한 진술 또는 설명을 해 줌으로써 유아는 자신을 수용하고 존중하게 될 것이다.

(3) 특별한 상황에 처한 유아의 감정을 인식하고 존중하기

가정이나 유치원에서 기분이 좋지 않거나 몸이 불편할 경우 유아는 활동에 참여하는 것을 거부하거나 의욕을 나타내지 않을 수도 있다. 이런 상황의 유아라면 신나는 음악에 맞추어 신체표현을 할 때 참여하지 않으려고 할 것이다. 이때 '이리 와서 같이 하자, 선생님이 도와줄 테니 한번 해 보자'라고 제안하는 것은 유아의 참여를 이끌어 내지 못할 가능성이 많다. '네가 지금 하고 싶지 않은 기분인가 보구나. 그럼 이곳에 앉아서 친구들이 하는 것을 보렴. 네가 친구들과 함께 하게 되면 선생님도 기쁠 거야.'라고 말해 줌으로써 오히려 자발적인 참여를 유도할 수 있다.

3) 자세히 관찰하고 개입하기

(1) 자세히 관찰하기

매일 유아와 함께 생활하며 지내는 교사라 할지라도 항상 유아를 관찰하는 일은 쉽지 않다. '단순히 보는 것'으로부터 '주의 깊게 들여다보고 관찰하는' 습관과 노력이 필요하다. 그렇게 함으로써 문제를 인식하고 다양한 지식과 기술을 자신의 교수-학습 경험과 통합해 갈 수 있다.

(2) 강요하지 않는 범위 내에서 개입하기

유아의 흥미나 성향은 각기 다르므로 이러한 개별적 특성은 존중되어야 한다. 활발하며 또래와 함께 하는 활동을 즐기는 유아가 있는 반면, 조용하고 혼자 활동하는 것을 즐기는 유아가 있다. 그리고 어떤 특정한 활동에 모든 유아가 관심을 가지고 적극적으로 참여하는 것은 아니다. 유아에 대한 개입은 이러한 성향을 고려하여 지나치게 강요되지 않는 범위 내에서 이루어지는 것이 바람직하다.

(3) 생활 장면을 함께 의논하기

어른과 마찬가지로 유아들도 그들 나름대로 항상 크고 작은 문제에 부딪히고 또 그 문제를 해결해 가면서 성장한다. 만약 자유선택활동 시간에 역할영역에서 두 유아가 장난감 자동차를 서로 먼저 가지고 놀고 싶어서 싸움이 일어났을 때, 이러한 상황을 이야기 나누기의 주제로 확대하여 다른 유아들과 함께 생각해 보도록 한다. 만약 두 유아가 상처를 받을 수 있는 경우라면, 비슷한 이야기로 재구성하여 문제 상황의 해결방법을 함께 토론하고 의견을 제시해 봄으로써 유아들 나름대로의 다양한 견해에 대한 시야를 넓힐 수 있게 된다.

우리는 도덕 교과서에서 양치는 것이 지루하여 '늑대가 나타났다.'고 동네 사람을 놀린 '양치기 소년'의 예를 잘 알고 있다. 그런데 전 세계 지구의 역사상 양치는 목동의 예는 얼마든지 있다. 스코틀랜드 지방에서 양 목축이 성행했던 15세기경 목동들이 끝이 구부러진 나뭇가지로 돌멩이를 날리면서 놀던 것이 오늘날 골프의 기원이 되었다(http://www.inpia.net/leports/golf/ls_history.html). 또한 소년 목동이 양을 돌보는 중 양들이 울타리를 넘어 이웃 농장을 망치게 되면서 양들이 장미넝쿨 울타리로는 접근하지 않는 것을 보고 철조망을 발명하여 엄청난 부를 축적하게 되었다(http://www.cnspat.com/invent/36.htm). 이 같은 기록들은 같은 목동으로서 양을 지키면서—물론 개인적 상황은 조금씩 달랐겠으나—그 사회적 기회와 조건에 어떻게 대응하였는가를 잘 보여 주는 예다. 유아와 매일 만나는 상황에서 교사가 해야 할 일은 바로 바람직한 대응을 위한 동기를 마련해 주는 일이다. 『내가 정말 알아야 모든 것은 유치원에서 배웠다』(Robert Fulghum 저)의 '이것 봐(look)'와 같이 바람직한 방법을 선택할 수 있도록 생각의 동기와 전환을 위하여 작은 실마리와 계기를 짚어 주는 일이다. 선망이나 부러

움의 표현은 시기와 질투를 승화시킨다는 『행복론(The conquest of happiness)』(Bertrand Russell 저)의 구절도 같은 맥락에서 이해될 수 있다.

2. 쌓기놀이영역에서의 친사회적 행동 발달 지도[1]

다음의 사례는 유아의 친사회적 행동을 도와주기 위한 교사의 준비, 관찰, 개입, 절차를 기술한 것이다.

친사회적 행동(prosocial behavior)은 '다른 사람을 도와주거나 이익이 되도록 행동하는 것'으로 정의할 수 있다. 친사회적 행동이 일어나려면 타인의 시각적인 관점을 추론하는 '지각적 조망 수용(perceptual perspective-taking)', 다른 사람의 입장에서 행동하고 생각할 수 있는 '역할 담당(role-taking)' 능력과 타인의 감정 상태를 공감하는 '감정이입(empathy)'이 일어나야 한다. 최근에 이와 같은 친사회적 행동에 관한 연구는 돕기, 나누기, 협력하기, 위로하기 이외에도 의사소통(communication), 친구에게 근접할 수 있는 기회 찾기(proximity seeking), 리더십(leadership) 등과 같은 보다 넓은 사회적 행동으로 그 개념의 영역을 넓히고 있다. 쌓기(블록)놀이영역에서 이러한 행동들을 격려하고 사회화하기 위하여 교사는 무엇을 할 수 있을까? 여러 학자들이 공통적으로 지적하고 있는 준비, 관찰, 개입의 세 단계 역할에 맞추어 살펴보기로 하자.

1) 준비하기

계획자로서의 역할 인식   Johnson이라는 학자는 블록을 이리저리 옮기는 단계(2세 이하)에서 블록 한 개를 기차나 자동차처럼 밀고 다니는 단계(2~3세), 다리(3세), 폐쇄 공간(3~4세)을 만들다가 장식과 패턴을 사용하며(4세), 구조물에 이름을 붙이고 나아가 표상이 활발해짐으로써(4~6세) 사회극놀이로 발달되는 과정을 설명한 바 있다. 또한 교사는 자기중심적이며 주관적으로 조망하는 유아의 발달수준이나 능

---

1 김영옥(1996). 쌓기놀이 영역에서의 친사회적 행동의 발달 지도. 삼성어린이개발센터 여름호의 내용임.

력을 파악하고, 협동놀이로 발전되도록 충분한 시간과 공간을 갖고 총체적으로 구상 및 계획해야 한다.

　　환경의 구성 및 준비　　탑이나 성을 쌓을 때 다양한 블록은 물론 사람, 자동차, 동물, 나무 등의 모형이나 소품이 있으면 좋을 것이다. 또 블록을 키만큼 쌓아 볼 때 색 테이프나 긴 끈을 준비한다면 높이를 재 보는 활동으로 확장할 수 있다. 동물 우리를 꾸며 볼 때에는 플라스틱이나 봉제로 된 동물 모형, 울타리, 동물 우리로 쓸 수 있는 낮은 상자 등이 필요할 것이며, 초원이나 농장의 동물 사진을 준비하면 그 효과가 더욱 클 것이다. 쌓기놀이영역의 자료와 벽면 및 환경이 친사회적 행동을 증진시킬 수 있는지 점검해 보며, 불필요한 가리개도 치워 준다.

　　협력의 기회와 동기 유발　　모든 유아들이 개별적으로 사용할 수 있도록 충분한 자료를 준비하는 일이 반드시 좋은 것만은 아니다. 때로는 자료가 부족할 때 상호 해결의 기회와 동기가 부여될 수 있다. 예를 들어, 공항을 꾸밀 때 우레탄 블록이나 유니트 블록이 다소 부족할 경우, 종이 벽돌이나 다른 블록으로 대체하는 등 문제를 해결하는 과정에서 충돌과 협동을 경험하게 되는 것이다. 활주로를 만들 때 긴 널빤지 대신 하드보드지를 이어 붙이거나 플라스틱 책받침을 연결하는 과정에서, 유아들은 서로 돕고 나누고 협력하며 의사를 소통하게 되는 것은 물론, 집단 내에서 리더십을 발휘할 수 있는 기회를 갖기도 한다.

2) 관찰하기

　　관찰은 적절한 개입의 시기와 방향을 판단하기 위하여 대단히 중요한 과정이다. 언제 도와주어야 할 것인가? 성인의 권위를 감소해야 할 시기를 결정하려면 면밀한 관찰이 요구되며 아울러 여러 가지 관찰에 대한, 즉 무엇을 어떻게 볼 것인가에 대한 훈련과 기술도 필요하다. 쌓기놀이를 하는 동안 한 유아를 계속해서 추적하는 일, 또는 어떤 특정 시간을 정하여 매일 관찰해 보는 일뿐만 아니라 자료의 선택, 가장 잘 노는 친구, 갈등 상황의 해결, 의사소통의 정도 등을 관찰하는 기술 등이 여기에 포함된다.

3) 개입하기

인정과 수용　　교사 개입의 첫 번째 유형은 인정과 수용으로, 바람직한 친사회적 분위기와 행동을 보일 때 격려하고 강화하는 일이다. 공간 적목을 함께 나르거나 테이블에서 정육면체 적목이나 레고를 함께 만들 때 '너희들 힘이 세구나'와 같은 적절한 언어적 인정과 수용을 하는 것은 친사회적 행동을 증진시킨다.

적절한 질문과 대화　　'네가 빌딩을 무너뜨리면 기분이 어떨까?'와 같은 질문이나 '다른 친구가 네 것을 빼앗아 가면 어떻겠니?', '○○가 서 있는 곳에서 이것이 보일까?'와 같은 질문은 지각적 조망 수용, 역할 담당이나 감정이입을 경험하게 한다. 또 주유소를 쌓아 올린 후 종업원 가운을 입을 때 뒤에 달린 단추를 채워 달라고 함으로써 자신들의 능력을 발휘할 기회를 갖도록 한다. 몇 개 쌓아 올린 블록을 보며 '멋진 건축물 같구나.'와 '건물 옆은 주차장이니?'와 같은 대화를 시도할 수도 있다. 이때 개방적인 질문이나 문제해결식 질문이 친사회적 행동을 돕는다고 해서 무조건 피상적인 질문을 하면 유아에게 오히려 부담스러운 질문이 된다. 목욕탕을 만들기로 했을 때 '목욕탕을 얼마나 크게 만들까?'보다는 '목욕탕에서 무엇을 보았니?'와 같은 질문으로 시작하는 것이 보다 쉬운 대화로 이끌 수 있다. 놀이의 흐름을 방해하지 않으면서 가장 구체적이고 쉬운 질문부터 시작한다는 것을 항상 염두에 둘 필요가 있다.

환경의 재구성　　충돌이 일어났을 때는 방해물을 치워 주고 공간을 넓혀 주어 환경에 변화를 준다. 또 새로운 놀이 재료의 첨가나 놀이영역의 이동을 통하여 유아들의 생각이나 구조의 확장에 대하여 칭찬이나 격려를 하는 과정이 필요하다. 특히, 협동놀이가 오랜 시간 확장될 때 필요한 방법이다.

예를 들어, 기차놀이를 하게 될 때 처음에는 단위 블록으로 조그만 기차를 만들었으나 점점 표지판과 기찻길을 길게 이어 건널목을 만들고 역, 매점 등으로 확장시켜 필요한 공간을 만들 수 있다. 때로는 필요한 자료를 활용하도록 돕거나 소꿉영역과 연결시킬 수도 있다. 카펫을 중심으로 띠 블록이나 렉스 블록으로 씨름대회장을 만들다 보면 색 테이프가 첨가될 수도 있다. 규칙을 정하여 씨름을 하게 되면 '천하장사'와 같은 어깨띠를 만드는 자료가 보충될 수 있고, 옆의 소꿉영역은 민속식당으로 바뀌어 환경이 재구성될 수 있다. 이때 여럿이 함께 하는 민속놀이나 서로 음식을 나누어 먹는 장면의 그림을 사용하면 친사회적 동기를 북돋아 줄 수 있다.

선택적인 대안 제시   갈등이나 문제 상황을 해결하기 위한 대안적인 활동이나 의견을 제시하여 융통성 있는 다양한 방법을 긍정적으로 검토하도록 돕는다. '왜 넓은 자리가 필요한가?', '비켜 달라고 물어볼까?', '빌딩을 무너뜨리지 않고 덤프트럭이 지나갈 수 있는 방법은 없을까?'와 같이 새로운 생각을 확장시키고 가능한 최선의 방법을 찾도록 하는 일은 해결책을 사용할 경우에 생기게 될 결과를 미리 예측하게 한다. 블록으로 함께 만든 배에 다투어 올라탈 때 모두 선장이 되고 싶어 함을 분명히 인식하게 해서 함께 절충하고 협의한 후 스스로 내린 결정에 따르는 과정을 밟게 한다.

참여와 교수   쌓기놀이가 진행되는 과정에 교사가 직접 역할을 맡아 참여하게 되면, 놀이를 보다 의미 있게 확장시키며 친사회적 행동을 증진시키게 된다. 또 어떤 개념이나 사실에 대하여 이해하도록 설명하고 교수함으로써, 유아의 경험을 재구성하고 놀이 계획을 변경시켜 친사회적 행동을 유도할 수 있다. 성을 쌓았을 때 종치는 사람의 역할을 교사가 맡아 참여할 수도 있으며, 스펀지 적목을 이어 동네를 만들 때 스카치테이프로 모든 것을 붙일 수 없음을 알게 되는 것도 유아에게는 새로운 사실을 알게 되는 일이 된다.

대상 연령이 어릴수록 추상적 가치와 절차를 순차적으로 세분화해야 하는 것이 유아교육의 독특한 임무다. 친사회적 행동 그 자체를 강조하기보다는 상호 교류의 기회와 동기를 마련하기 위한 구상과 계획, 적절한 개입이 필요하며 무엇보다도 바람직한 모델을 보이는 것도 잊지 말아야 할 것이다.

3. 도시 만들기 프로젝트에서의 협동활동 지도[2]

다음의 사례는 유아들이 도시 만들기를 하는 동안의 학습과정을 기술한 것이다.

> ### 3Rs 학습이 포함된 유치원 아동을 위한 소형 프로젝트의 사례
> Arot, G. Bayman[3]

28년간 유치원 교사 생활하는 동안, 나는 프로젝트가 교육과정에서 중요한 역할을 할 수 있다는 신념을 갖게 되었다. 프로젝트는 다섯 살 아이들에게 동기가 고취된 상태에서 읽고, 쓰고, 셈하는 것을 연습할 자연스러운 기회를 제공할 뿐만 아니라 나아가 아동들 자신이 스스로 즐기도록 한다.

얼마 동안 나는 내가 맡은 유치원 두 학급 아동들에게 아이들이 하고 싶은 대로 하도록 두는 일(letting go)과 그들의 상상력에 따라 전개될 프로젝트를 시도하는 것에 대해 생각해 왔다. 나는 Lilian Katz의 책 『유아들의 마음 사로잡기(Engaging Children's Minds)』(1989)를 읽었고, 아이들을 책상 앞에서만 붙잡아 놓고 나뭇잎을 본떠 그리는 그러한 방식에서 벗어나야 한다는 저자의 제안을 따르고 싶었다. 나는 아이들이 좀 더 다양하고, 좀 더 활동적으로 참여하기를 원했다. 나는 '가르칠 수 있는 순간'이 일어날 때를 보다 잘 포착할 수 있으리라 확신했다.

나는 또한 최근에 『연결지도 그리기: 교실에서의 적용(Semantic Mapping: Classroom Applications』(Heimlich & Pittelman, 1986)을 읽었다. 이 기술은 구성, 그리고 우리의 생각과 계획을 조직하고 기록하는 데 있어 도식적인 방법을 제공한다. 아이들과 나는 그 기술을 우리가 계획하고 결정하도록 돕는 데에 이용하였다.

그런 다음에 나는 『Young Children』에 있는 교육과정 조직망에 대한 글을 읽었다.

---

2 Bayman, A. G. (1995). An example of a small project for kindergartners that includes some 3Rs learning. *Young Children*, 50(6), 27-31을 번역함.

3 Arot, G. Bayman, M.A., 미니아폴리스 공립학교에서 28년간 유치원 교사를 지내고 1995년 6월에 은퇴하였다. 짧은 휴식기간을 지낸 후 유아교육에 대한 자신의 관심과 교육경험을 확장하여 활용할 수 있는 계획을 구상 중에 있다.

이것 또한 내가 교실활동의 상당한 시간을 프로젝트에 쏟을 수 있도록 자극하였다.

프로젝트를 진행하고 있을 때 나는 지역의 대학에서 열리는 총체적인 언어 세미나에 참가하고 있었다. 이 세미나는 총체적인 언어운동에 참여해 온 사람들의 지도하에 교사그룹의 모임으로 구성되었다. 우리는 교실에서 발생한 일, 성공담과 문제점들을 토론했다. 우리는 우리가 적용한 아이디어와 책의 제목 또는 우리가 알고 있는 유용한 기사들을 서로 교환했다. 우연히 이러한 제목들에 대한 교환으로 몇몇 학교들이 『Young Children』을 구독하게 되었다.

1) 유치원에서 도시 만들기

우리의 프로젝트는 Alice McLerran의 잘 알려진 『Roxaboxen』(1991)이라는 책에 대한 읽기와 토론으로 시작되었다.

첫째 날, 아이들과 나는 우리 교실에서 Roxaboxen 도시를 세울 수 있는 가능성에 대하여 토론했다. 우리는 무엇을 지을지, 그것을 어디에 지을지, 우리가 어떤 재료를 사용할지에 대해 결정하기 위해 연결지도(semantic mapping)를 사용했다([그림 4-1]을 보라.). 책에서는, 아이들이 도로와 집들의 윤곽을 잡기 위해 돌을 사용했다. 여기 미네소타(Minnesota) 주는 겨울이었고 땅이 눈으로 덮여 있어서 돌을 사용할 수는 없었다. 지금까지 학기 중에 아이들은 크고 작은 나무 블록을 가지고 놀면서 광범위한 경험을 해 왔기 때문에 Eric과 Paul(우리 반에서 가장 재빨리 생각한 아이들)은 돌 대신 블록을 사용하자고 제안했다. 이러한 방법으로, 프로젝트는 친숙한 재료와 기술을 사용하기 위한 새로운 상황을 제공했다. 나는 자주 조언을 해 주려고 아이들 집단으로 다가갔으며 그들은 언제나 자진해서 참여할 준비가 되어 있었다.

우리는 책에서 Roxaboxen의 지도를 학습하였다. 나는 먼저 중심도로를 지을 것을 제안했다. 중심도로는 휠체어를 수용할 수 있을 만큼 넓어야 했다(우리 반에 휠체어를 사용하는 아이가 한 명 있었다). 우리는 함께 나누고 협력해야 할 필요성에 대해 이야기했다.

우리는 집을 짓는 일을 시작했다. 아이들은 분주했고 조용했다. 이야기도 거의 하지 않았다. 이 부분의 프로젝트는 45분 걸렸다. 아이들은 각자의 집에서 간식을 먹자고 제안했다. 몇몇 아이들은 그들의 집에 자신의 이름을 붙이기를 원했다. 나는 우리가 주소를 가질 수 있다고 알려 주었다. 세 명의 소녀들은 자신들이 아파트에 살 것을 결정하고 자신의 집을 짜서 맞추었다.

나의 두 학급은 서로 매우 달랐다. 나는 두 학급 모두가 각각 도시를 계획하고 세우는 경험을 갖도록 하였다. 두 학급이 같은 교실을 사용하기 때문에 서로 수업시간이 끝날 때 만든 도시를 치우고 나서 다음 수업시간이 시작될 때 또다시 도시를 지어야 했다. 학급이 좀 더 비슷했었다면, 나는 오전/오후반이 하나의 마을을 공동으로 작업하여 계속 그대로 두도록 계획했을 것이다.

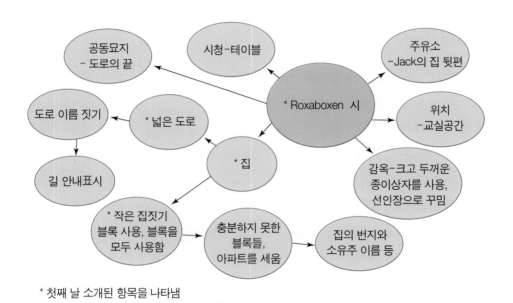

* 첫째 날 소개된 항목을 나타냄

그림 4-1   Roxaboxen 시 구성을 위한 연결지도(semantic map)

둘째 날, 우리는 어제의 작업을 다시 회상했다. 우리는 우리를 협력하게 하는 단어들을 다양하게 생각해 냈다. 그 생각들은 우리가 어제의 연결지도(semantic map)에 대하여 토론할 때 아이들 집단에서 나온 것이다. 우리는 어제 토론한 대로 도시를 만들었다. 나는 회의를 소집해서 안내 표시에 대해서 이야기했다. 우리는 거리의 이름들, 집 소유주의 이름들, 그리고 각 집 앞에 붙일 번지수들이 필요했다. 우리는 (책에서와 마찬가지로) 감옥과 치안관도 필요했다. Sam이 집에서 그의 치안관 배지를 가져오겠다고 제안했다.

　나는 종이와 마커펜을 제공했고 우리는 안내 표지를 만들고 붙이기에 바빴다. 우리가 만든 집에서 간식을 먹고 나니 체육관에 갈 시간이 되었다. 체육관에 다녀온 후에 우리는 블록을 치웠다. 이 활동은 실제로 우리 수업의 모든 시간을 차지했다. 오후 반 아이들은 다른 거리의 이름을 지었고 그들 자신의 안내 표시를 만들었다.

　셋째 날, 우리는 만들기를 시작하기 전에 토의를 했다. 아이들은 상점, 시청, 시장 그리고 자동차를 만들고 싶어 했다. 우리가 자동차 구입을 위하여 돈을 빌릴 수 있는 은행도 필요하다는 의견이 나왔다.

　Alexandra는 돈을 만들기 위해 돈을 찍어 내는 도장을 사용할 수 있다고 말하고 이것은 자신의 생각이므로 자기가 첫 번째로 은행원이 되고 싶다고 했다. 또한 가게에서 음식, 열쇠 등을 사기 위해서 돈이 필요했다. 우리는 시청이나 은행이 어떻게 운영될 것인지를 알기 위해 연결지도를 그려 보았다. 대부분의 결정은 아이들이 했다. 나의 역할은 대부분 그것을 적어 주는 것이었다. 우리는 사무실에 사용할 '열림', '닫힘'의 푯말도 필요했다. 우리는 시청과 은행을 'France Avenue South' 거리에 두기로 결정했고 감옥은 'Mulberry(뽕나무)' 거리에 놓기로 했다. 어떤 아이들은 푯말을 만들고 어떤 아이들은 돈을 만들었다. 나는 돈을 만들 도장 세트와 종이를 은행에 공급해 주었고 참고가 될 만한 몇 개의 증거자료들을 놓아 주었다. 나는 희망자로부터 시장과 은행원을 선출했고, 우리는 돌아가면서 하기로 결정했다. 시장과 은행원은 일하러 가기 전에 그들의 문을 잠글 수 있는 열쇠를 사야만 했고 그래서 그들이 첫 번째로 돈을 만들었다.

　넷째 날, 우리는 어제의 작업에 대해 돌이켜 보았고 우리가 만들었던 안내 표시와 돈, 우편함을 그대로 가지고 있기로 했다(우편함은 반 갤런 크기의 두꺼운 우유상자의 윗부분을 자르고 접착종이로 덮었다). 우리는 종이 접시로 차들의 움직이는 바퀴를 표현하기로 했다. 우리는 오래된 자동차 번호판을 2개 가지고 있었다. 이것들은 우리 차들의 번호판을 만들기 위해 종이를 대고 크레용으로 문질러서 본뜨기에 사용했던 것으로, 아이들은 많은 차들이 똑같은 번호판을 가지게 되는 것에 대해 아무도 걱정하지 않았다. 아이들은 대부분의 시간을 자신의 일들에 대해 조잘거리기도 하고 의견을 내 놓기도 했다. 교실에서 분주한 아이들은 친구들에게 평상시처럼 충고를 하기도 하였다.

이러한 모든 것들이 시청에서 이루어졌다. 우리는 식료잡화점에서 간이식사를 팔기로 결정했고 우리들 공공건물에서 일할 직원을 선출하였다. Jessica는 오전에 일하는 첫 번째 시장이고 Alexandra는 오후에 일하는 첫 번째 시장이 되었다. Jack은 만약 차가 있다면 주유소가 필요하다고 제안했다. 그는 자기 집 뒤에 주유소를 하나 세웠다. 그는 줄넘기 줄을 호스로 사용했으며 거꾸로 된 양동이를 펌프로 사용하였다. 우리는 도시를 짓고 안내 표시, 돈, 차를 만들어 나갔다. Charlie는 그가 차를 살 만큼의 충분한 돈을 가지고 있지 않다고 결정했다. Hillary는 교도소 주변 지역을 꾸미기 위해 더 많은 선인장을 만드느라 바빴다(원래의 책에서처럼). 그녀는 그날의 치안관이었다. 한 시간 정도의 작업이 끝난 후 아이들은 각자의 집에서 간식을 먹었다. 아이들은 자기들의 도시를 만든 채로 남겨두지 못하는 것에 대해 유감스럽게 생각했으나, 오후 반 아이들도 그들 스스로 거리에 이름을 붙였고 벌써 공동묘지를 첨가하고 있었다(End Street 길거리의 교도소 근처에).

5~6일째. Sam은 중심도로에 깃발이 필요하다고 결정하고 집에서 깃발을 만들어 왔다. 우리는 기를 달아 올렸다. 나는 몇 가지 문제와 부가사항을 토의하기 위한 모임을 소집했다. Jordan은 또 다른 거리를 만들고 싶어 했으며 모든 아이들은 제과점을 원했고 더 많은 거리 표지판과 '열림', '닫힘' 표지판을 원했다. 지금부터 제과점에서는 스낵을 팔 것이다. 우리는 다음 날 진짜 빵을 가지고 와서 땅콩버터 샌드위치를 만들기로 결정했다. 우리는 가격도 결정했다. 몇몇 아이들은 은행에서 돈을 만드는 데 거의 모든 시간을 보냈다. 오후반에서 빵을 만든 아이들은 빵이 충분히 팔리지 않아 샌드위치 가격을 내리기로 결정했다. 그들은 늦은 시간 마지막에는 빵을 공짜로 나누어 주었다. Xue는 속도위반으로 체포되어 선인장으로 덮인 교도소로 끌려갔다.

7~8일째. 우리는 도시를 건설하기 전에 모임을 가졌다. Jessica는 거리 이름을 바꾸고 싶어 했다. 아이들은 다른 학급 아이들이 우리가 만들고 지은 도시에 구경 오기를 원했다. 나는 안내장을 만들어 학교 전체에 붙이자고 제의했다. 몇몇 아이들은 자신의 집을 짓고 나면 바로 알리자고 했다. Hillary와 Chris는 책에 있었던 아이스크림 가게를 원했다. 우리는 그 책을 다시 찾아보았다.

Erik은 'Irene(평화를 상징하는)' 성을 원했다. 나는 "우리 반에는 전쟁은 없어."라고 말했다. 그는 어떻든 깃발을 만들어서 자기 집에 꽂았다. 아파트에 살고 있는 소녀들은 아파트 앞에 우편함을 놓기로 결정했다. Chris는 우체부와 우체국이 필요하다고 말했다. 우리는 더 많은 거리, 금전등록기, 안내 표시, 돈, 그리고 도시에서 일하는 노동자들이 필요했다. 우리는 우리의 집과 거리를 만드는 데는 많지 않은 시간을 보내고 안내 표시와 문안을 작성하고 돈을 만드는 데 더 많은 시간을 쓰고 있었다는 것을 알았다. Adrienne(휠체어를 타는 아이)와 그녀를 도와주는 성인 보조자 Marchelle는 그 다음 날 아이스크림 가게를 경영할 것이며 우리는 진짜 아이스크림을 팔 수 있을 것이다.

9일째. 우리는 도시를 만들고, 안내 표시를 세우고 문을 잠그고 일을 하러 나갔다. Adrienne와 Marchelle는 그들의 가게 바깥에 너무 많은 사람들이 아이스크림을 기다리고 있다고 생각했다. 그래서 그들은 번호를 지급하고 확성기로 번호가 불릴 때까지 각자의 집에서 기다리도록 하였고 이렇게 해서 그 일은 완료되었다. 어떤 사람들은 아이스크림을 살 수 있도록 은행에서 더 많은 돈을 만들어야 했다. 이러한 방식은 매우 잘 진행되어 나갔다.

10일째. 아이스크림만 없었을 뿐 9일째와 비슷했다. 나는 잠시 쉬는 동안 무언가 색다른 것을 할 수 있겠다고 생각하고 Roxaboxen의 저자에게 편지를 써서 그녀가 우리를 방문하도록 요청하는 것을 제안했다. 아이들은 동의했다. 나는 '철자에 익숙지 않은(Kid-spel)' 몇몇 우리 반 아이들을 위해 '사전의 역할을 해 줄 수 있는(철자 쓰는 것을 도와줄 수 있는)' 아이들 몇 명을 내려 보내 주도록 4학년 교사에게 요청했다. 초등학생 중 많은 수가 우리 반 아이들과 학교 버스를 같이 타거나 또는 형제들의 친구들이기도 했다. 우리를 도와주는 큰 아이들이 있다는 것은 두 집단 모두에게 도움이 된다. 초등학생들이 유치원 아이들에게 읽기와 쓰기의 중요성을 알려 주면서 그들의 학습능력도 강화되는 것이다.

우리는 편지를 쓰고 그 뒷장에는 그림을 그렸다. Alexandra는 나에게 소녀가 한 다발의 꽃을 들고 있는 자신의 그림 옆에 "Alice, 당신을 기다립니다."라고 써 주라고 했다. 드디어 Alice McLerran은 우리 교실을 방문했다. 우리는 Roxaboxen에서 본 장면과 함께 아름다운 포장지로 그녀를 만들었던 것이다.

2) 유아와 함께 학습하기

나는 이와 같은 사례가 아이들이 그들의 상상력을 자극하는 책의 내용을 실제로 해 볼 때 대단히 많은 교육적 경험을 발달시킬 수 있는지를 보여 주기 때문에 되도록 상세히 설명하였다. 아이들은 읽기, 쓰기, 그리고 계산 기술을 발전시켰다. 그들은 사회 속에서 사는 직접경험을 통하여 협동, 계획 및 융통성을 학습하게 되었다. 이것은 바로 사회과학 교육과정의 주요 개념이다. 아이들은 열성적으로 참여했다. 나는 이러한 형태의 활동이 다른 과정과 내용으로 1, 2학년들에게도 적용될 수 있다고 생각한다.

놀이처럼 보이는 프로젝트에는 '3Rs' 학습이 제외되지 않았다. 오히려 프로젝트는 학문적 기술의 연습을 위한 기반을 제공할 수 있다. 우리 반 아이들은 단어는 알파벳과 문자로부터 만들어지며, 쓰기는 기록하고 대화하는 하나의 방법이라는 것을 배웠다. 우리는 'Mein Stit', 'Maain Street', 'Simitry', 'Cemitry'를 포함하여 흔히 아이들이 잘못 쓰는 몇 가지 철자법으로 쓰여 있는 안내판들을 가지고 있다. 또 동전의 명칭들과 어떻게 잔돈을 계산하는지도 배웠다. 아이들 중에는 단지 돈 만드는 것에 즐거움을 느끼기도 하였다. 우리는 시장과 치안관은 남자나 여자가 할 수 있으며 이러한 역할이 빵 굽는 사람, 은행원과 또 다른 일꾼들과 마찬가지로 사람들이 집을 떠나서 일을 하는 직업의 종류라는 것도 배웠다.

이 기간 동안 내가 아이들을 훈육하는 데는 별 문제가 없었고 모든 아이들이 바쁘게 참여하였다(우리 반에는 특별한 도움이 필요한 세 명의 아이가 있다. 세 명 모두 내가 전혀 힘들이지 않고 참여시킬 수 있었다). 나는 또한 협동학습과 연결지도 그리기를 활용하는 데 힘썼다. 우리 반 아이들은 이 두 가지 교수방법에 모두 익숙해져 있었다.

3) 프로젝트 시도하기

만약 당신이 이러한 교수방식을 시도하길 원한다면 당신이 가지고 있는 적당한 공간과(내겐 큰 교실이 있었기에 이 프로젝트가 가능했다), 교실의 아이들, 그리고 당신이 어떤 교수방법들을 활용하고 있는지에 대하여 고려해야 할 것이다. 나는 아이들이 이미 매우 다양한 교재들을 직접 다루는 경험들을 가지고 있고 이를 새롭게 적용할 수 있는 점이 중요하다고 생각한다. 우리는 다른 크기의 블록들, 크레용으로 문질러서 본뜨는

데 사용한 오래된 자동차 번호판, 돈 만드는 도장세트 같은 것이 그러했다. 또한 문제를 논의하거나 또는 다음 단계로 넘어갈 때 아이들을 소집하기 위해서 신호(종, 실로폰, 기타 무엇이든 간에)를 정하는 것 또한 중요하다. 둘째 날 이후 나는 시장에게 시모임을 소집하도록 요청했고 그럴 때는 모든 아이들이 그들의 집과 아파트에서 나와 중심도로에 나와 앉았다.

나는 3년 동안 계속해서 'Roxaboxen' 프로젝트를 해 보았다. 나는 매번 아이들이 스스로 해 볼 수 있게 했는데 아이들은 열성적으로 참여하였다. 우리의 마지막 시장이었던 Gretchen은 그녀의 부모와 함께 자신이 맡은 직업에 대해 이야기하면서 Minneapolis의 시장이 여자라는 것을 알았다. 내가 시장에게 편지를 써서 그녀를 우리 집에 초대하자고 제안하자 아이들은 기뻐했다. 아이들이 말을 불러 주면 나는 그것을 적었다. 아이들은 사인을 하고 그들의 이름 옆에 학교의 사진을 붙였다 (시장이 우리를 알 수 있도록). 시장의 사무실로부터 시장님은 진심으로 방문하고 싶지만 지정된 날짜나 시간은 알려 주기 어렵다는 답장이 왔다. 시장님은 우리들의 시간에 맞추려고 했을 것이며 나도 그러는 것이 좋을 것이라고 했다. 학기가 끝나는 수업의 마지막 날 우리가 운동장에 있을 때, 누군가가 우리를 향해 걸어오는데 아니, 그분은 바로 시장님이 아닌가! 어떤 아이들은 그녀를 끌어안았다. 그곳에 있던 학부모들 역시 나만큼이나 놀랐다. Sharon Saules Benson 시장은 "나는 막 여섯 살이 되었어요. 당신은 몇 살이지요?"와 같은 피할 수 없는 아이들의 질문을 비롯하여 우리의 물음에 대단히 품위 있게 대답해 주었다.

나는 이번 해에는 'Roxaboxen'을 하지 않았다. 그러나 내 학급의 교생들은 둘 다 프로젝트를 실행했다. Val은 우리를 정원사로 변화시켰고 우리는 잡초를 뽑고 나무를 심고 씨를 모으기 위해 밖으로 나갔다. 우리는 또 원예 카탈로그가 우리들 집으로 우송되도록 하였다. Jill은 우리의 방을 일본으로 변하게 했다. 우리는 젓가락으로 국수를 먹었고 후식시간에 스모(sumo) 레슬링을 했다. 나는 내 교수방법이 확실히 변화했다고 생각한다. 우리는 그야말로 모든 것─이야기, 시, 과학 등─에 관하여 행동으로 표현하며 우리가 직면하는 논쟁이나 문제에 대하여 역할놀이를 한다. 그것은 우리 모두에게 더 즐거운 일이며 나는 이러한 프로젝트가 유치원 교육과정의 목표에 도달하는 또 하나의 방법이라 여기고 있다.

제2부

실제 편

- 제5장 사회적 자원 활용하기에서는 상호작용 절차 및 절차를 활용한 교수-학습의 예를 설명하였다. 또한 사회적 자원의 활용할 수 있는 사회과 문학도서를 예로 교수-학습 방향을 제시하였다.

- 제6장 사회적 기술 접근하기에서는 사회적 기술을 중심으로 한 수업절차의 예와 그에 따른 교수-학습 적용의 예를 설명하였다. 또한 활동 후 평가의 관점을 서술함으로써 사회적 기술의 수업방향을 점검하도록 하였다.

- 제시된 교수-학습안들은 일련의 개념과 방향성을 보다 구체적으로 접근하기 위한 하나의 예시이므로 고정된 수업절차로 인식하여 그대로 진행하기보다는 유연하게 적용 또는 다른 형태로 토의하고 확장할 수 있다.

| 마무리 | 결과 공유하기 | • 이야기를 통해 정리한 자신의 생각을 나눈다.
– 행복한 동네를 만들기 위해 친구들은 어떤 노력을 할 수 있니? |
| | 평가하기 | • 도서 활동을 마무리하고 평가한다.
– 활동을 하며 즐거웠거나 아쉬웠던 점은 무엇이니?
– 가장 기억에 남는 친구의 말은 무엇이니?
– 행복한 동네를 위해 우리는 어떤 노력을 해야 할까? |

* 사회과 관련 주제는 NCSS(National Curriculum for Social Studies)의 10 Thematic Stands in Social Studies에 의한 분류임.

5) 참고

(1) 사회과 문학도서의 예

수업에 적용 가능한 사회과 문학도서의 예는 다음과 같다.

제목	안나의 빨간 외투(2004) 글 · 해리엇 지퍼트, 그림 · 아니타 로벨, 옮긴이 · 엄혜숙/비룡소
사회과 관련 요소	경제와 소비
생활주제	겨울
줄거리	안나는 겨울에 입을 새 외투가 필요했지만 전쟁이 끝난 지 얼마 되지 않아 가게에는 물건이 없었고 안나의 엄마 역시 돈이 없었다. 그래서 엄마와 안나는 아주 좋은 방법을 생각해 냈는데 바로 엄마의 멋진 물건들을 외투를 만들어 준 분들과 교환하기로 한다. 안나와 엄마는 할아버지의 금시계와 농부 아저씨의 양털을, 물레할머니의 양털로 만든 실과 멋진 램프를, 옷감 짜는 아주머니와 실로 짠 옷감과 석류석 목걸이를 교환한다. 그리고 재봉사 아저씨에게 찾아가 옷감으로 만든 옷과 찻주전자를 교환하여 안나는 멋진 빨간 외투를 가지게 된다. 크리스마스가 되자 안나는 외투를 가질 수 있게 도와준 모든 사람을 초대해 즐거운 파티를 연다.
교수-학습 적용	• 필요한 물건을 살 수 있는 방법에 대해 생각해 본다. • '교환'에 대해 이야기 나누고 교환의 순기능에 대해 생각해 본다. • 자신이 필요한 물건과 가지고 싶은 물건에 대해 떠올린 뒤 어떤 방법으로 교환할 수 있는가에 대해 나눈다. • 아나바다 시장놀이로 연결한다.

제목	이모의 결혼식(2004) 글 · 그림 선현경/비룡소출판사
사회과 관련 요소	다문화
생활주제	나와 가족, 세계 여러 나라
줄거리	이모가 결혼식을 한다고 해서 무척 신이 난 주인공은 그리스 크레타 섬의 작은 마을 스피나리에 도착한다. 그러나 말도 잘 안 통하고 눈도 파랗고 배도 나온 이모부가 마음에 안 들었다. 무사히 결혼식도 끝나고 우리는 바닷가에서 춤도 추고 맛있는 음식을 먹으며 즐긴 후 다시 한국으로 돌아왔다. 그런데 얼마 후 이모와 이모부가 우리 집에 방문을 하자 얼마나 반가운지 글쎄 나도 모르게 눈물까지 흘리고 이모부한테 뽀뽀를 해 주며 가족으로 받아들였다.
교수-학습 적용	• 동화 속 결혼식 장면을 회상해 본다. • 세계 여러 나라의 결혼식 모습에 대한 자료를 보면서 축하방법과 의미에 대해서 이야기 나눈다. • 결혼을 축하하는 다양한 방법을 생각해 본다. • 결혼식 역할놀이로 연결한다. • 다른 나라의 잔치음식을 알아보고 비교해 본다.

제목	내 마음대로 규칙(2015) 글 · 김미애, 그림 · 이경석/스콜라
사회과 관련 요소	공공질서
생활주제	유치원과 나
줄거리	영웅이는 영웅 놀이에 빠져 엄마와의 약속도 안 지키고 제멋대로 행동해 주변 사람들에게 종종 피해를 준다. 수업시간에는 밖에서 놀고 점심시간에는 줄을 제대로 서지 않아 친구와 싸워 음식을 쏟고 교실에 뛰어노느라 친구를 다치게까지 한다. 선생님은 영웅이를 규칙 반장으로 만들고 규칙 반장이 된 영웅이는 마음대로 규칙을 만든다. 꿈속에서 영웅이가 마음대로 만든 규칙에 따라 움직이는 마을의 모습을 보게 되는데 마을 사람들은 모두 자기 마음대로 행동해 모든 게 엉망진창이 되어 버렸다. 영웅이는 깜짝 놀라 잠에서 깬다.
교수-학습 적용	• 우리 반 생활 모습을 사진 자료와 동영상을 통해 관찰한다. • 유아들이 필요하다고 느끼는 규칙에 대해 생각해 본다. • 토의를 통해 우리 반 규칙을 정한다. • 유아들과 함께 규칙판을 만들고 잘 보이는 곳에 걸어 놓는다. • 영웅이와 학교는 이후에 어떻게 달라졌을지 이야기 나눈다.

제목	김치가 최고야(2014) 글 · 김난지, 그림 · 최나미/천개의 바람
사회과 관련 요소	전통/문화
생활주제	우리나라
줄거리	김장거리가 한 발 가득 찬 어느 날 마당에서는 김치를 담근다. 항아리마다 가득 담긴 다섯 가지 김치들이 자신을 최고라고 소개하며 서로 싸우기 시작한다. 이때 담근 지 오래되어 푹 익은 묵은지 할머니가 김치마다 자기 맛과 모양이 있다고 말하며 잘난 척하던 김치들을 모아 둥글게 손을 잡게 한다. 손을 맞잡은 김치들은 커다란 달빛 아래 하나가 되어 빙글빙글 돌며 강강술래하며 건강한 김치가 되길 노래한다.
교수-학습 적용	• 유아들이 먹어 본 우리나라 음식에 대해 떠올린다. • 김치의 종류와 효능에 대해 알아본다. • 김치로 만들 수 있는 여러 음식에 대해 생각해 본다. • 김치부침개를 만들어 먹는다. • 김치를 담가 본다. (요리활동)

제목	우리 고장이 최고예요(2012) 글 · 길지연, 그림 · 김순영/기탄교육
사회과 관련 요소	지리
생활주제	우리 동네
줄거리	민서는 여름방학을 맞아 서울에서 내려오는 이모를 마중 나간다. 이모를 만난 민서는 이번 방학 숙제를 도와달라고 부탁하고 이모와 함께 고장의 으뜸 자원 자원과 음식과 특산물, 자연환경, 공장 등에 대해 경험하고 우리나라 특산물 지도와 지역에 따른 생산활동을 알아볼 수 있다.
교수-학습 적용	• 우리 지역의 자랑거리를 생각해 본다. • 우리 지역의 특산물에 대해 알아보고 다른 지역에는 어떤 특산물들이 있을까에 대해 생각해 본다. • 우리 지역의 특산물을 알릴 수 있는 방법에 대해 나눈다. • 특산물 홍보포스터를 만들어 전시한다. • 각각 원하는 특산물 홍보대사가 되어 함께 시장놀이를 해 본다.

제목	할머니의 할머니의 할머니 옷(2009) 글 · 홍선주, 감수 · 김소현/책 읽는 곰
사회과 관련 요소	역사
생활주제	우리나라
줄거리	옷장 안에 하늘하늘 원피스, 꽃무늬 바지, 털 코트 등 엄마의 옷이 걸려 있다. 엄마의 옷을 한참 입어 보던 나는 팬티가 다 보이게 생긴 짧은 치마를 발견하고 그 옷의 주인을 궁금해하자 사진 속 할머니가 나타나 자신의 옷이라 말한다. 그 뒤 할머니의 할머니, 할머니의 할머니의 할머니를 만나며 1970년대 미니스커트부터 구석기의 의복까지 경험하는 의복 시간여행이 시작된다.
교수-학습 적용	• 우리 반 친구들이 입고 온 옷을 관찰한다. • 옛날 사람들은 어떤 옷을 입었을지 생각해 본 뒤 동화를 듣는다. • 시대별 옷차림에 대해 알아보고 흐름별로 정리해 본다. • 자신이 정리한 내용들을 친구들에게 발표한다. • 미래에 유행하게 될 옷들을 상상하여 그려 본다.

제목	고향으로(2004) 글 · 김은하, 그림 · 김재홍/길벗어린이
사회과 관련 요소	환경/지속가능
생활주제	동식물과 자연
줄거리	철새 흑두루미 '두리'가 십삼 년 만에 우리에서 나와 자연으로 돌아가 친구들을 만나지만 가까이 다가가기도 전에 거부당한다. 하지만 시간이 지나며 여러 친구들을 사귀게 되고 먹이를 찾거나 잠을 잘 때 서로 망을 보며 지켜주며 함께 겨울을 이겨 나간다. 봄이 되자 친구들과 함께 고향을 찾아 떠나게 된다.
교수-학습 적용	• 여러 철새들의 사진을 관찰한 뒤 공통점을 찾아본다. • 겨울에 우리나라를 찾는 철새들에 대해 알아보고 환경오염으로 인해 고통받는 철새들에 대해 이야기 나눈다. • 철새들을 위해 우리가 할 수 있는 일에 대해 생각해 본다. • 철새에게 긴 여행을 건강히 다녀오라는 편지를 쓴다.

제목	으뜸헤엄이(2004) 글·그림 레오 리오니, 옮긴이·이명희/마루벌
사회과 관련 요소	주도성/리더십
생활주제	동식물과 자연
줄거리	'으뜸헤엄이'는 다른 친구들보다 헤엄을 잘 치는 물고기다. 어느 날 커다란 다랑어 한 마리가 빨간 물고기 떼를 한입에 삼켰고 으뜸헤엄이만 겨우 도망쳤다. 그 후 혼자서 바다를 헤엄치던 으뜸헤엄이는 바위와 물풀 사이에 작은 물고기 떼가 숨어 있는 것을 본다. 함께 바다 구경을 나가자는 으뜸헤엄이의 말에 물고기들은 몽땅 잡아먹힌다고 거절하자 으뜸헤엄이는 커다란 물고기 모양을 만들어 헤엄치는 방법을 생각한다. 으뜸헤엄이의 방법 덕분에 작은 물고기들은 바닷속을 자유롭게 여행할 수 있게 되었다.
교수-학습 적용	• 바닷속에 사는 여러 물고기들에 대해 생각해 본다. • '으뜸헤엄이' 동화를 듣고 헤엄이가 친구들을 위해 한 일에 대해 나눈다. • '으뜸헤엄이'처럼 친구들을 위해 할 수 있는 일에 대해 생각해 본다. • 점묘화를 통해 으뜸헤엄이와 친구들의 바다여행을 표현한다.

제목	새들의 왕 뽑기(2013) 글·김인숙, 그림·김서영/아람
사회과 관련 요소	시민
생활주제	동식물과 자연
줄거리	새들이 서로 왕이 되고 싶다며 동시에 나서는 바람에 조용하던 숲속이 시끄러워진다. 산신령은 가장 아름다운 새를 왕으로 삼겠다고 말하고 새들은 각자 자신이 가장 아름답다고 자랑을 하기 시작한다. 꾀꼬리는 자신의 노란 깃털을, 두루미는 하얀 깃털을, 공작은 오색찬란한 꽁지를 자랑하는데 이를 보던 까마귀는 자신의 초라함을 느낀다. 왕을 뽑기로 한 날 무지갯빛 깃털로 꾸민 까마귀가 등장하자 새들은 까마귀를 왕으로 뽑는다. 하지만 무지갯빛 새의 깃털이 자신들이 버렸던 깃털임을 알게 되고 까마귀의 거짓말이 밝혀진다. 그리고 새들은 왕을 다시 뽑아야 한다고 이야기한다.
교수-학습 적용	• 여러 종류의 새소리를 들려주며 활동에 대한 흥미를 유발한다. • 동화를 듣고 까마귀와 새의 행동에 대해 회상한다. • 자신이 산신령이라면 어떤 새를 왕으로 뽑아야 하는지에 대해 생각한 뒤 자신의 생각을 발표한다. • 투표의 의미에 대해 이야기 나누고, 투표를 통해 '이번 달의 으뜸 도우미'를 뽑아 본다.

제목	춤추는 운동화(2014) 글 · 엘마 풀러턴, 그림 · 캐런 팻카우, 옮김 · 이미영/내 인생의 책
사회과 관련 요소	인류
생활주제	세계 여러 나라
줄거리	우간다에 사는 카토는 먼동이 트면 빈 물통을 들고 우물에 가서 하루 동안 가족이 쓸 물을 물통에 가득 담는다. 마을 공터에 다다랐을 때 국제 구호대 차를 잠깐 살피고 서둘러 집안일을 끝낸 뒤 뜰로 달려가 하얀 양귀비꽃 한 송이를 딴다. 카토는 구호대 누나에게 양귀비꽃을 건네고 구호대 누나는 카토에게 새 운동화를 준다.
교수-학습 적용	• 세계 지도를 보며 지구에 있는 많은 나라와 인종에 대해 생각한다. • 아프리카 '우간다'에 대해 알아보고 동화 속 국제 구호대의 역할에 대해 생각해 본다. • '우간다'에 살고 있는 친구들에게 주고 싶은 신발을 디자인한다. • 카토의 하루 일과를 상상해 보고 그 이유도 이야기 나눈다.

(2) 활동사진

토의해 봅시다

• 도서 「○○○」에서 다루어진 사회과의 주요 개념은 무엇인가?

• 주요 개념이 어떻게 적용되었는가?

• 같은 주요 개념을 다른 방법으로 다룰 수 있는가?

• 같은 주요 개념을 다룬 다양한 도서를 찾아보자.

2. 융판

1) 개념 및 의의

> • 베니어판이나 카드 보드에 융을 덮어씌워 만든 판(板).
>
> (교육학용어사전)
>
> • 일반적으로 융판이라고 할 때는 융판과 융판에 붙일 교재물을 포함해서 말하며, 그 위에 그림이나 문자 또는 숫자 등의 교재물을 임의로 붙였다 떼였다 함으로써 효과 있게 활용하는 시청각 자료의 하나다.
>
> (서광선, 2004)

융판이란 두꺼운 나무판에 종이에 융을 붙여 만든 판으로, 여러 가지 영역과 다양한 생활주제와 관련된 놀이와 동화를 들려주거나 자료를 제시할 때 활용할 수 있다. 특히, 사회과 관련 동화나 이야기를 들려줄 때 이야기 속의 등장인물을 융판에 붙였다 떼었다 등의 방식으로 동화를 제시할 수 있도록 돕는다. 융판을 활용하여 조작하는 경험을 통해 유아들에게 이야기를 순서화하고, 이야기의 전개를 명료하게 기억하는 데 도움이 되며, 등장인물을 부각시키고 더욱더 생생하게 다가오도록 느껴지는 효과가 있다.

사회교육과 관련하여서는 다양한 게임 및 이야기 나누기 자료로 활용하면서 유아들 간 토의활동 및 의사결정 과정에서 사용할 수 있다. 특정한 생활주제에 맞추어 유아들과 알고 싶은 내용과 관련된 그림 및 사물의 개념과 관련된 자료를 융판에 붙여 제공해 줄 수 있다. 유아들이 다양한 역사적 사건 및 인물에 대한 개념에 대해 반복적으로 탐색하고 사건의 순서나 역사적 인물과 관련된 사람들에 대하여 융판 자료를 부착하며 도식화하면서 개념을 정확히 이해할 수 있다. 또한 이야기 나누기 활동 시 유아들과 일상생활 속에서 나타날 수 있는 갈등 상황이나 사회적 규범에 관련된 자료를 융판 자료로 제공할 수 있다. 또한 여러 가지 문제를 해결하거나 자료를 탐색하는 과정에서 유아들이 자발적으로 규칙을 설정하는 토의를 진행하는 등 다양한 상황에서 융판은 시각적 자료뿐만 아니라 토의활동의 중요한 교수 매체로 활용될 수 있다.

2) 형태와 유형

- 재질: 펠트융판, 함석융판, 자석융판, 종이융판, 나무융판 등
- 모양: 삼각융판, 이젤융판, 원형융판, 사각융판 등
- 위치: 스탠딩융판, 테이블융판, 평면융판 등

3) 유의점

- 융판은 유아가 이동하기에 자유로워야 한다.
- 연령이 어린 유아일수록 입체감 있고 다양한 색감과 촉감의 재료를 활용하여 융판 자료를 제작한다.
- 등장인물의 수가 많거나 복잡하게 구성된 이야기를 융판 자료로 제시하는 것은 부적절하다.
- 융판 동화를 들려줄 경우 동화책에서 주인공 등 융판 동화에 활용할 그림 자료를 스캔하여 코팅하여 융판에 붙였다 떼었다 할 수 있게 만든다.
- 동화를 모두 들려준 후, 유아들이 직접 동화를 다시 들려주게 한다.
- 동화 내용을 잘 모르는 부분에서는 교사가 잠깐 알려 주거나, 다른 유아에게 기회를 넘기는 방법도 활용할 수 있다.
- 유아의 반응에 따라 자료제시의 순서나 속도를 조절하여 사용한다.
- 이야기의 흥미를 높이기 위해 자료의 위치 이동이나 등장, 퇴장 등의 시각적 움직임을 통해 동적인 표현을 시도한다.
- 자료끼리 서로 붙지 않도록 자료 배치나 보관에 주의해야 한다.

4) 교수-학습 활용의 예

(1) 상호작용의 절차

융판을 활용한 상호작용의 절차와 내용은 다음과 같다. 이러한 절차들은 상황(학급 크기, 연령, 주제, 환경 등)에 따라 유연하게 적용해 볼 수 있다.

절차	내용
동화 듣기	등장인물이나 이야기 내용을 동화의 흐름에 따라 순서대로 붙이며 동화를 들려주고 필요한 경우 인물들을 소개, 등장, 퇴장하기
동화 내용 회상하기	융판에 붙은 그림 자료(등장인물이나 이야기 내용 그림)를 보며 내용 회상하기
등장인물 특성 이해하기	흐름에 따른 등장인물의 모습을 떠올리며 인물의 성격, 특성을 이해하기
이야기 재구성하기	그림 자료의 순서 또는 등장인물을 추가하거나 떼어내며 이야기 재구성하기
새로운 이야기 공유하기	자신이 지은 이야기를 친구와 선생님에게 소개하고 친구들이 지은 이야기 듣기
평가하기	기억에 남는 동화 장면이나 새로운 이야기 내용을 나누고 활동 평가하기 대표적 등장인물을 붙여 놓고 이야기 내용의 이해나 흐름 파악하기

(2) 교수-학습의 예

앞의 절차를 적용한 교수-학습의 예시는 다음과 같다.

동화 '나랑 같이 놀자'를 활용하여 여자아이가 만난 동물의 순서를 융판을 활용하여 나열해 보고 동화 내용을 재구성해 보며 친구의 소중함에 대해 생각해 보는 활동이다.

생활주제	유치원과 친구	집단형태	대 · 소집단	대상	5세
주제	더불어 사는 우리	사회과 관련 주제	민족, 지역, 환경		
활동명	나랑 같이 놀자				
목표	• 동화의 내용을 이해하고 재구성할 수 있다. • 친구의 소중함을 느낀다.				

절차		활동내용	자료 및 유의점
도입	동화 듣기	• 이야기 흐름에 따라 등장인물을 붙이며 동화를 들려준다. 내용: 여자아이가 동물 친구들에게 함께 놀자고 다가가지만 거절당해 시간이 지난 뒤 동물 친구들이 여자아이에게 다가와 함께 놀이한다.	자 동화책 '나랑 같이 놀자', 융판, 등장인물 그림 자료
전개	동화 내용 회상하기	• 그림 자료를 보며 동화 내용을 회상한다. – 처음에 누가 등장했니? – 제일 먼저 만난 동물은 무엇이었니? – 여자아이는 어떤 동물들을 찾아갔니? – 동물들을 찾아가서 무슨 말을 했니? – 동물들이 놀아 주지 않자 여자아이는 어떻게 했니?	유 유아들이 직접 동화 내용을 말할 수 있도록 돕는다.
	등장인물 특성 이해하기	• 등장인물에 대해 이야기 나눈다. – 여자아이는 왜 동물 친구들과 놀이하고 싶었을까? – 여자아이와 동물들의 같은 점(다른 점)은 무엇일까? – 동물들이 여자아이와 놀기로 마음을 돌린 이유는 무엇일까? – 동물 친구들과 함께 놀이하는 여자아이의 마음은 어땠을까?	유 등장인물들에 대해 이야기할 때 해당 인물 그림 자료를 융판에 붙인다.
	이야기 재구성하기	• 융판과 융판 자료를 활용하며 이야기를 재구성해 본다. – 만약 여자아이가 민들레 씨를 불지 않고 가만히 있었다면 어떻게 되었을까? – 이야기를 새롭게 바꾸어 볼까? – 동화를 어떤 이야기로 바꾸고 싶니? – 등장인물 중 누구를 주인공으로 정해 볼까? – 등장인물의 순서는 어떻게 정할까? – 동물들이 여자아이와 계속 놀아 주지 않았다면 어떤 일이 생길지 이야기를 꾸며 볼까? – 모두 함께 사이좋게 노는 모습을 융판 위에 어떤 모습으로 꾸며 볼까?	자 융판, 등장인물 그림 자료

	새로운 이야기 공유하기	• 재구성한 이야기를 친구들에게 소개한다. – 바꾼 이야기를 친구들에게 소개해 볼까?	

마무리	평가하기	• 융판 동화를 재구성해 보았을 때의 느낌에 대해 이야기 나눈다.
		  – 융판 동화를 만들어 보았을 때의 기분은 어땠었니?
		  – 동화를 만들면서 무엇이 가장 재미있었니?/어려웠니?
		• 활동을 마무리하고 평가한다.
		  – 기억에 남는 동화 장면이 있었니? 어떤 장면이 기억에 남았니?
		  – 한 친구가 나와서 기억에 남는 장면을 이야기하지 않고 그림 자료로만 융판에 꾸며 보면, 다른 친구가 맞춰 볼까?
		  – 친구들이 만든 이야기 중 가장 재미있었던 이야기는 무엇이니?
			자 여자아이 그림 (대표적 인물)

앞의 절차뿐만 아니라, 다음과 같은 방법으로도 적용해 볼 수 있다.

생활주제 ‘환경과 생활’에서는 융판을 사전활동·도입·전개·마무리·확장활동으로 적용하였고, 생활주제 ‘동식물과 자연’에서는 동화책으로 도입하여 융판으로 전개 및 활용한 예다.

■ 생활주제: 환경과 생활

생활주제		환경과 생활	집단형태	대·소집단	대상	5세
주제		흙과 우리 생활	사회과 관련 주제	민족, 지역, 환경 시민의식과 실천		
활동명		쓰레기는 쓰레기통에				
목표		• 깨끗한 환경을 위해 지켜야 할 약속에 대해 알아본다. • 주변을 깨끗이 하는 방법에 대해 이야기해 본다. • 우리 동네를 깨끗이 하려는 마음을 갖는다.				
절차		활동내용		자료 및 유의점		
사전활동	1. 융판 준비 2. 주제(동화) 정하기 3. 등장인물 선정하기	• 융판 칠판을 활용한다. 동화 제목: ‘쓰레기는 쓰레기통에’ – 등장인물: 토끼, 다람쥐, 기린, 사슴, 코끼리 – 소품: 쓰레기 그림들		자 융판, 등장인물 그림 자료		

		교사가 들려주는 이야기를 듣는다.	
도입	4. 교사가 들려주기	내용: 동물들이 소풍을 갔는데, 공원에 쓰레기를 하나 둘 버리기 시작하면서 너무 지저분한 공원이 되어 깜짝 놀란 동물들은 자신들이 했다는 걸 깨닫고 모두 함께 쓰레기를 치우고 다시 깨끗해진 공원에서 행복하게 놀았다는 이야기(개작) - 등장인물: 토끼, 다람쥐, 기린, 사슴, 코끼리	
전개	5. 유아가 들려주기	• 친구가 들려주는 이야기를 듣는다. 단, 교사가 붙여 주는 융판 그림 자료만 보며 이야기를 기억하여 들려준다. 　- 친구들에게 동화를 직접 들려줘 볼까?	유 유아가 직접 동화를 들려줄 수 있도록 등장 동물 자료를 차례대로 붙여 준다.
마무리	6. 질문/토론 하기	• 동화 내용에 대한 이야기를 나눈다. 　- 누가 먼저 나왔었니? 그다음 나온 동물은 누구니? 　- 동물들이 소풍을 간 곳은 어디였니? 　- 그 공원은 어땠었니? 왜 그렇게 되었니? 　　(쓰레기가 많다는 답변에 따라 쓰레기 등을 융판에 하나씩 붙인다.) 　- 쓰레기가 이렇게 가득 차 있으니 어떤 기분이 드니? 　- 동물들이 소풍을 가서 한 일들은 무엇이었니? 　- 쓰레기를 버리면 어떻게 될까? • 주변을 깨끗이 하는 방법에 대해 이야기해 본다. 　- 깨끗한 환경을 만들기 위해 우리가 실천할 수 있는 약속에는 어떤 것들이 있을까? 　- 그렇게 생각한 이유는 무엇이니? 　　(쓰레기를 줄이는 방법에 따라 융판에 붙인 쓰레기를 하나씩 떼어낸다.) 　- 쓰레기가 이렇게 줄어드니 어떤 느낌이 드니?	유 융판에 쓰레기를 붙이거나, 떼어내는 것은 유아가 나와서 하도록 한다.
	확장활동	• 쓰레기 분리 배출을 위한 재활용 상자를 만든다. 　- 어떤 재료를 사용하여 재활용 상자를 만들고 싶니? 　- 재활용 상자를 어떻게 꾸미고 싶니?	자 상자, 색종이, 그리기 도구 등
	참고사항	• 미리 주간계획안에 커다란 상자를 가져오도록 미리 안내하여 재활용 상자를 만들어 볼 수 있도록 한다.	

■ 생활주제: 동식물과 자연

생활주제	동식물과 자연	집단형태	대·소집단	대상	5세
주제	여러 가지 동물	사회과 관련 주제	민족, 지역, 환경 시민의식과 실천		
활동명	검피 아저씨의 뱃놀이				
목표	• 동화의 그림을 보고 이야기를 꾸밀 수 있다. • 동화의 내용을 듣고 다양한 동물과 특성에 관심을 가진다. • 동화의 내용을 융판 동화로 표현할 수 있다.				

절차		활동내용	자료 및 유의점
도입	그림책 소개하기	• '검피 아저씨의 뱃놀이' 그림책 표지를 보며 이야기 나눈다. – 어떤 동물들이 보이니? – 동물 친구들은 무엇을 하고 있을까? – 동물 친구들 말고 무엇이 보이니? – 동물 친구들과 아저씨는 어디로 가는 걸까?	자 '검피 아저씨의 뱃놀이' 그림책
전개	그림책 상상하여 꾸며 보기/ 융판 그림 자료를 활용해 역할극 해보기	• '검피 아저씨의 뱃놀이' 그림책의 그림만 보며 이야기를 상상해 본다. – 그림만 보면서 어떤 이야기들이 나올지 생각해 보자. • 융판에 그림책 등장인물을 순서대로 붙여 주며 그림책 이야기를 꾸며 본다. – 이 동물 친구는 무슨 이야기를 했을까? 아저씨는 뭐라고 대답하셨을까? • 모둠별로 이야기를 꾸며서 역할극을 해 본다. – 융판에 붙였던 그림 자료를 가지고 모둠 친구들과 자유롭게 이야기를 꾸며 보고, 그림 자료를 역할 머리띠에 붙여 역할극을 해 볼까? – 모둠별로 꾸민 이야기로 만든 역할극을 나와서 해 볼까? – 모둠별로 이야기가 모두 같니? 어떤 점이 다르니?	자 모둠 수만큼의 융판 그림 자료 세트 유 유아들의 자유로운 생각을 격려한다.
마무리	적용 및 응용 (확장활동)	• 그림책의 이야기를 직접 꾸며 보았을 때의 느낌에 대해 이야기를 나눈다. – 이야기를 자유롭게 꾸며 보니 기분은 어땠니? – 이야기를 꾸미면서 재미있던 점(어려웠던 점)은 무엇이니? – 이야기를 꾸밀 때 융판 그림 자료가 도움이 되었니? 또 어떤 것이 있으면 더 도움이 될 것 같니? • 역할극에 대한 느낌을 나눈다.	

　　　　　　－ 역할극을 해 보니 어떤 느낌이 들었니?
　　　　　　－ 이야기만 꾸며 볼 때와 역할극으로 꾸며 볼 때의 다른
　　　　　　　점은 무엇이니?
　　　　　　－ 역할극을 해 보니, 아쉬웠던 점이 있었니?
　　　　　• 미술영역에서 다양한 재료를 활용하여 등장 동물을 직
　　　　　　접 꾸미고, 벨크로를 이용해 직접 융판 자료를 만들어
　　　　　　본다.

* 4세 누리과정 교사용 지도서 3권 '동식물과 자연'을 참고하여 수정함.

5) 참고

(1) 사회과 문학도서의 예

융판을 활용하여 수업에 적용 가능한 사회과 문학도서의 예는 다음과 같다.

제목	꼬물이와 꿈틀이(2008) 글 · 로버트 O, 브루엘 그림, 닉 부르엘 옮김 · 장미란/웅진주니어
사회과 관련 요소	협력, 배려
생활주제	동식물과 자연
줄거리	꼬물이와 꿈틀이는 함께 땅속에서 생활하는 친구다. 시간이 지나 꼬물이는 멋진 날개를 가진 나비가 되고, 꿈틀이는 지렁이가 된다. 어렸을 때와 지금이 똑같은 지렁이 모습인 꿈틀이는 예쁜 날개를 갖게 된 꼬물이를 부러워하지만 꼬물이가 나비가 될 때 큰 도움을 준 것이 꿈틀이었음을 알게 된다.
교수-학습 적용	• 나비의 사진을 관찰하며 나비의 성장과정을 상상해 본다. • 융판에 붙은 나비와 지렁이의 성장과정을 관찰한다. • 나비의 성장과정을 자바라식 책을 이용해 정리한 뒤 친구들에게 소개한다. • 지렁이의 역할에 대해 알아보고 지렁이에게 도움받는 동식물을 찾아본다.

제목	나랑 같이 놀자(2001) 글·그림 마리 홀 에츠, 옮김·양은경/시공주니어
사회과 관련 요소	긍정적 자아감, 우정, 또래관계
생활주제	유치원과 친구
줄거리	여자아이가 들풀 이파리에 붙어 있는 메뚜기 한 마리를 보고 "나랑 같이 놀자."라고 말하자 메뚜기가 달아나버린다. 그 뒤 여자아이는 개구리, 거북이, 다람쥐, 어치새, 토끼, 뱀을 차례대로 만나지만 모두 달아나 버린다. 여자아이가 혼자서 연못가에 조용히 앉아 있으니 잠시 뒤 동물들이 돌아와 말을 걸어온다.
교수-학습 적용	• 친구가 좋아하고 싫어하는 말과 행동에 대해 생각해 본다. • 동화를 듣고 여자아이와 동물의 대화를 회상하며 유아들이 각색하고 싶은 부분을 찾아본다. • 자신만의 동화 내용을 만들어 친구들에게 소개한다. • 친구에게 어떤 말과 행동을 해야 하는지에 대해 이야기 나눈다.

제목	염소 아저씨의 행복 가방(2011) 글·스키모토 미사키, 그림·도리고에 마리/책속물고기
사회과 관련 요소	타인배려, 감정이입
생활주제	우리 동네
줄거리	염소 아저씨는 우편집배원으로 숲속 동물들의 편지와 물건을 배달해 준다. 그런데 배달 중 주소가 지워진 물건 상자가 있는 것을 발견한 염소 아저씨는 누가 보냈는지 알면 누구에게 보낼지도 알 수 있으니까 보낸 동물을 찾기로 한다. 하지만 동물들에게 물어보아도 다들 모른다고만 하고 마지막으로 도깨비가 나온다는 숲속만 남았다. 염소 아저씨는 물건 상자를 보낸 동물을 찾겠다는 생각으로 숲속으로 들어가고 바스락 소리가 들리자 도깨비가 나왔다고 생각해 땅에 엎드린다. 알고 보니 바스락 소리의 주인은 숲속 동물 친구들이었다. 동물들은 염소 아저씨에게 고마운 마음을 전하기 위해 새 우편 가방을 준비했던 것이다. 주소가 지워진 물건 상자의 주인은 염소 아저씨였다.
교수-학습 적용	• 우편집배원의 역할에 대해 알아본다. • 동화에 나오는 등장인물의 순서를 떠올리며 내용을 회상하고 추가하고 싶거나 바꾸고 싶은 등장인물과 내용을 생각해 본다. • 동화 속 동물들처럼 고마운 사람에게 감사의 마음을 전하는 방법에 대해 나눈다. • 고마운 사람에게 주고 싶은 선물을 생각해 보고 종이에 표현한다.

제목	즐거워서 깔깔깔(2012) 글·그림 신미아/느림보
사회과 관련 요소	배려
생활주제	건강과 안전
줄거리	아무도 웃지 않는 나라의 왕과 왕비는 늘 심각하고 한숨만 내쉰다. 공주역시 부모님을 그대로 흉내 내어 웃지 않는다. 그러던 공주는 숲에서 곰을 만나게 되고 곰의 이상한 표정(웃는 얼굴)을 따라 하게 된다. 웃으면서 성에 도착한 공주를 본 왕과 왕비는 급히 의사를 부르고 의사는 전염병인 까르르 병이라 진단한다. 왕은 공주를 방에 가두지만 공주는 탈출하여 웃으며 의사선생님, 요리사, 병사, 왕을 지나간다. 이때 쿠션이 터지게 되어 성 안에 있는 모든 사람들이 웃게 되고 그날 밤 모든 사람들이 웃으며 잠이 든다.
교수-학습 적용	• 우리를 웃을 수 있게 하는 일들에 대해 생각해 본다. • 동화 속 공주가 바깥세상에서 만난 인물들의 표정과 상황을 떠올리며 바꾸고 싶은 부분을 찾는다. • 친구들에게 자신이 만든 새로운 동화를 들려준다. • 공주의 웃음에 대해 생각하며 다른 친구들을 웃게 할 수 있는 여러 방법에 대해 생각해 본다.

제목	빨간 사과 하나(2011) 글·그림 페리딘 오럴, 옮김·정수정/미래아이
사회과 관련 요소	협력
생활주제	겨울
줄거리	눈 내리는 하얀 들판에서 토끼 한 마리가 먹을 것을 찾아 헤매다 높이 매달린 사과 하나를 발견한다. 배고픈 토끼를 위해 영리한 쥐는 키를 더해 보자고 제안하고, 여우는 감기 몸살이 걸렸으면서도 물구나무를 서서 사과를 따 보려고 한다. 겨울잠 자던 곰은 자기 어깨를 빌려 주며 여우와 토끼와 쥐를 올려 준다. 그렇게 사과를 딸 수 있는 것 같았는데 여우가 재채기를 하는 바람에 모두 넘어지고 만다. 하지만 빨간 사과가 모두의 눈앞에 떨어진 것을 보고 모두 한 입씩 사이좋게 나누어 먹는다. 그 뒤 곰의 동굴로 들어가 만족스러운 잠에 빠져든다.
교수-학습 적용	• 높이 달려 있는 사과를 가질 수 있는 방법에 대해 생각해 본다. • 동화를 듣고 사과를 딸 수 있는 새로운 방법에 대해 상상해 본 뒤 동화를 각색한다. • 추운 겨울에 친구를 도운 동물들에 대해 생각해 보며 우리 반 친구들을 위해 할 수 있는 일에 대해 나눈다. • 친구들과 힘을 모아서 할 수 있는 일들을 찾아보고 실천한다.

(2) 활동사진

토의해 봅시다

• 융판을 활용하기에 적절한 이야기 소재인가?

• 대표적 또는 상징적 등장인물이나 사건으로 이야기 전개를 도왔는가?

• 자료는 부착이 잘 되도록 자료가 제작되었는가?

3. 모래상자

1) 개념 및 의의

> • 나무나 플라스틱으로 만들어진 공간에 모래를 담아 아이들이 놀 수 있게 한 공간으로, 사장(砂場)이라고도 한다.
>
> (위키백과사전)

모래는 자연 친화적인 자료로서, 유아교육기관에서 널리 사용되는 놀이 자료다. 모래는 주변에서 쉽게 접할 수 있으며 고정된 형태가 없고 특별한 놀이 방법이 필요하지 않기 때문에 유아에게 편안함과 만족감을 준다. 모래를 일정한 크기의 모래상자에 담아 소품을 활용해서 상자 안을 꾸미거나 혹은 유아에 따라 상자 밖에서 소품을 가지고 또래와 함께 놀이나 작품을 만들 수 있다. 또한 풍경이나 장소를 정하여 모래상자 안에 축소하여 꾸미거나 만들기를 할 수 있다.

모래상자는 실외 모래놀이를 실내로 축소하여 가져오는 형태로 상자에 바퀴가 달려 있어 이동이 자유롭고 활동 목적에 따라 활용할 수 있다. 사회교육에 초점을 둘 때 모래상자를 테이블 지도로 활용할 수 있다. 예로 군사훈련 프로그램에서 전투장소에 대한 정보를 요약하여 땅의 형태, 위치, 경로 등을 공유하듯이 우리 동네, 유치원 또는 특정 지역을 모형화함으로써 한눈에 볼 수 있으며 지리적 특성을 쉽게 파악할 수 있다. 또한 실제를 축소하여 형상화하여, 구조적 공간능력과 시뮬레이션 감각을 발달시킬 수 있다. 색모래(고양이 또는 강아지 집 꾸미기 바닥재 포함)를 첨가하여 강, 산, 길 등을 나타내거나 재료를 첨가하거나 덜어내면서 이야기 나누기를 진행할 수 있다. 위치나 방향 또는 다양한 건물의 모형을 표시할 때 플라스틱 밴드(연결이 가능한 블록), 우유 상자, 빈 음료수통, 휴지 속대, 줄이나 빵 끈, 작은 깃발(파르페 꽂이) 등 일상 소품을 충분히 활용할 수 있다.

2) 형태와 유형

- 재질: 마른 모래, 젖은 모래, 점토 모래
- 색깔: 흰 모래, 갈색 모래, 색 모래
- 모양: 정사각형 모래상자, 직사각형 모래상자, 원형 모래상자

3) 유의점

- 모래는 유아에게 위생적이고 안전해야 한다. 장시간 놀이하면 피부염을 유발할 수 있으므로 적절한 시간을 계획하고 활동 후에는 청결과 보습에 신경 쓰도록 한다.
- 모래가 바닥으로 흩어지지 않도록 상자가 놓인 테이블 바닥에 비닐이나 돗자리 등을 깔아둔다.
- 너무 많은 유아가 한 번에 몰려서 활동을 하지 않도록 미리 적절한 인원 수, 순서 등 약속을 정한다.
- 놀이의 확장을 위해 필요한 소품을 다양하고 넉넉하게 준비해 둔다. 어린 유아일수록 나누는 것이 어려우므로 소품종을 다량으로, 나이든 유아일수록 다품종을 소량으로 제공하는 것이 좋을 것이다.
- 물을 사용할 경우 반드시 말려서 다음 날 마른 모래를 사용할 수 있도록 한다.
- 유아가 모래상자를 만들며 또래와의 상호작용을 잘할 수 있도록 관찰하고 지원한다.
- 규격화된 모래상자 외에도 사이즈가 큰 빈 용기나 스티로폼 박스, 유아용 욕조, 실내용 물놀이장 튜브 등을 활용할 수 있다.

4) 교수-학습 활용의 예

(1) 상호작용의 절차

모래상자를 활용한 상호작용의 절차와 내용은 다음과 같다. 이러한 절차들은 상황(학급 크기, 연령, 주제, 환경 등)에 따라 유연하게 적용해 볼 수 있다.

절차	내용
놀이주제와 필요한 자료 탐색하기	놀이주제에 따른 사전활동 후 필요한 재료 탐색하기 예) 우리 동네 꾸미기: 유아들과 동네를 산책한 뒤 동네를 꾸밀 재료(상자, 플라스틱 컵, 빨대, 요구르트 병, 휴지 심, 수수깡 등)
모래상자 위에 자료 놓아 보기	모래상자 속 모래를 탐색하고 활동을 하기 위해 필요한 자료를 모래상자 위에 자유롭게 놓기
모래상자 활동 진행하기	놀이주제에 맞게 모래상자를 꾸미고 전개하기 예) 우리 동네 꾸미기: 동네에 있는 건물 위치를 고려하여 자료를 배치
섬세하게 표현하기	자료를 실제적 크기나 모양을 고려하여 표현하고 배치하기 예) 우리 동네 꾸미기: 아파트와 가정집 상자의 높이, 건물의 위치와 가로수, 신호등 등의 섬세한 표현
완성된 모래상자 소개하기	완성된 모래상자를 친구들과 선생님에게 소개하기 예) 신발가게 옆에는 슈퍼가 있어요. 아파트는 우리 유치원보다 키가 커요. 공원에는 나무가 많아요.
평가하기	모래상자 활동을 회상하며 다시 모래상자 활동을 한다면 추가하고 싶은 내용, 또 어떤 주제로 꾸미고 싶은가에 대해 이야기하고 즐거웠던 점, 아쉬웠던 점을 나누기

(2) 교수-학습의 예

앞의 절차를 적용한 교수-학습의 예시는 다음과 같다.

유치원 주변을 산책했던 경험을 떠올리며 우리 동네에 있는 건물과 공간을 모래상자 속에 꾸며 보는 활동이다.

생활주제	우리 동네	집단형태	소집단	대상	5세
주제	우리 동네 생활	사회과 관련 주제	사람, 장소, 환경		
소주제	우리 동네의 여러 가지 기관				
목표	• 우리 동네에 있는 기관과 건물, 공간에 관심을 가진다. • 우리 동네의 모습과 특징을 생각하며 구성한다.				
절차		활동내용		자료 및 유의점	
도입	놀이주제와 필요한 자료 탐색하기	• 우리 유치원 주변을 산책했던 경험을 회상한다. – 유치원 건너편에는 어떤 것이 있었니? – 신발가게 옆에는 어떤 가게가 있었니?		자 카메라, 동네 사진, 꾸미기 재료	

		– 우체국은 어디에 있니? • 우리 동네를 꾸미기 위해 필요한 재료를 탐색한다. 　– 우리 동네를 꾸미기 위해 어떤 재료들이 필요할까? 　– 상자로는 어떤 것을 표현할 수 있을까? 　– 가로수는 어떤 재료를 사용해 표현할 수 있을까?	(상자, 플라스틱 컵, 빨대, 휴지 심, 수수깡 등)
전 개	모래상자 위에 자료 놓아 보기	• 모래상자 속 모래를 탐색한다. 　– 모래상자 속에 무엇이 들어있니? 　– 어떤 색깔이니? 만져 보니 어떤 느낌이 드니? 　　활동 시 필요한 자료들을 모래상자 위에 자유롭게 　　놓는다. 　– 우리 동네를 꾸미기 위해 필요하다고 생각한 자료 　　들을 모래 위 적당한 곳에 놓아 볼까?	자 모래상자, 모 래, 꾸밀 재료들
	모래상자 활동 진행하기	• 모래상자의 위, 아래, 왼쪽, 오른쪽의 방향을 선정하 고 중심을 정한다. 　– 어느 쪽을 위로 정할까? 　– 중심은 어떤 건물로 정할까? • 여러 재료와 실제 동네 사진을 이용하여 큰 건물의 위치를 정한다. 　– 경찰서는 어디에 자리하면 좋겠니? 　– 마트는 어떤 기관 옆에 놓을까? 　– 공원은 어느 곳에 구성할까?	자 동네 사진, 모 래상자, 모래, 꾸밀 재료들 유 유아들이 서로 의사소통하며 구성 하도록 돕는다. 유 건물의 위치 를 고려하여 자료 를 배치하도록 돕 는다.
	섬세하게 표현하기	• 모래상자 속 재료들을 구체적으로 꾸민다. 　– 신호등은 어떻게 표현하면 좋을까? 　– 아파트와 가정집의 높이는 어떠니? 그 차이를 어떻 　　게 표현하면 좋을까? 　– 가로등은 어떻게 표현하고 싶니? 　– 동네에 있는 것 중 또 꾸미고 싶은 것이 있니?	유 꾸미는 대상 의 특징을 파악하 여 섬세하게 꾸밀 수 있도록 돕는다.
마 무 리	완성된 모래상자 소개하기	• 모래상자를 친구들에게 소개한다. 　– 우리 동네를 꾸민 모래상자를 친구들에게 소개해 　　볼까?	
	평가하기	• 활동을 회상하고 평가한다. 　– 우리 동네에는 어떤 건물과 기관과 가게가 있니? 　– 더 꾸미고 싶은 것이 있니? 　– 모래상자 활동을 하면서 즐거웠던 점이나 아쉬웠 　　던 점은 무엇이니? 　– 새로운 주제로 모래상자를 꾸민다면 어떤 주제로 　　활동하고 싶니?	

5) 참고

(1) 사회과 문학도서의 예

모래상자를 활용하여 장소, 위치, 방향, 동네의 모습 등 수업에 적용 가능한 사회과 문학도서의 예는 다음과 같다.

제목	이야기하며 우리 동네 만들기(2011) 글 · 올챙이, 그림 · 정승/아이즐북스
사회과 관련 요소	경제
생활주제	우리 동네
줄거리	천원이는 토끼 아빠의 지갑 안에서 한숨 자고 일어난다. 엄마 토끼의 생일선물을 사러 시장으로 가면서 천원이의 여행이 시작된다. 케이크 값으로 빵가게에 남게 되고 그다음은 장난감 가게, 책방, 은행 등을 돌아다니며 시장을 여행한다. 이곳저곳을 여행한 천원이는 다시 토끼 아빠의 지갑 속으로 돌아온다.
교수-학습 적용	• 돈을 관찰하며 돈이 어디서 왔는지에 대해 생각해 본다. • 천원이가 여행한 곳을 회상한 뒤 모래상자에 가게들의 자리를 정한다. • 재활용 폐품과 여러 꾸미기 도구를 사용하여 시장을 꾸민다. • 꾸민 시장의 모습을 친구들에게 소개한다. • 만들고 싶은 돈을 디자인해 본다.

제목	우리 동네 한 바퀴(2011) 글 · 그림 정지윤/웅진주니어
사회과 관련 요소	지리
생활주제	우리 동네
줄거리	아침부터 준구네 엄마, 아빠는 채소를 다듬고 차에 실어 동네 입구에 있는 엄마손 식당으로 달려간다. 식당 아주머니는 모아 놓은 종이를 순이 할머니에게 건네고 순이 할머니는 종이를 잔뜩 모아 고물상으로 향한다. 동네에 살고 있는 고양이는 순이 할머니가 흘린 종이를 발로 차며 동네를 돌아다니다 종이를 놓치게 되고 그 종이는 인형놀이를 하던 현서 머리 위로 떨어지게 된다. 현서는 종이로 비행기를 접어 힘껏 날리고 그 종이비행기는 날아서 준구네 집에 도착한다.

교수-학습 적용	• 물건의 유통과정에 대해 알아본다. • 동화 속 물건들이 옮겨지는 과정을 상상한 뒤 이를 모래상자에 표현한다. • 표현하고자 하는 동네의 중심과 방향을 정하고 꾸미기 재료와 폐품을 이용하여 우리 동네를 표현한다. • 내가 다니고 있는 유치원과 주변을 모래상자에 표현해 본다.

제목	북적북적 우리 동네가 좋아(2008) 글・그림 리처드 스캐리/보물창고
사회과 관련 요소	지리
생활주제	우리 동네
줄거리	동네 사람들은 모두 아침부터 바쁘게 움직인다. 북적북적 마을 식품점 직원은 신선한 먹을거리를 팔고 은행 경비원은 돈을 안전하게 지키며 의사와 간호사는 사람들이 건강한지 어떤지를 돌보아 준다. 우체국 직원들은 편지를 모아 배달하고 환경미화원은 동네 곳곳의 쓰레기와 재활용품을 모은다. 이밖에 벌목꾼, 항구・기차역・공항 노동자들, 경찰관 등 많은 사람들이 여러 가지 일을 한다. 북적북적 마을 사람들은 다양한 일을 하며 모두 바쁘게 살아가고 있음을 알 수 있다.
교수-학습 적용	• 우리 동네에 있는 여러 사람들에 대해 생각해 본다. • 동네 산책을 하며 사람들이 있는 건물과 장소를 관찰한다. • 건물과 장소의 위치를 정하고 산책을 떠올리며 우리 동네를 만든다.

제목	구름빵(2004) 글・그림 백희나/한솔수북(한솔교육)
사회과 관련 요소	사회학, 지리
생활주제	나와 가족, 우리 동네
줄거리	비 오는 날 아침, 작은 구름 하나가 나뭇가지에 걸린 것을 본 아이들은 구름을 따서 조심조심 엄마한테 가져다준다. 엄마는 보드라운 구름을 반죽해서 빵을 구웠고, 잘 구워진 구름빵을 먹은 엄마와 아이들은 구름처럼 두둥실 떠올랐다. 아이들은 아침도 못 먹고 헐레벌떡 나가신 아빠한테 빵을 가져다 드리기로 하고 아빠의 회사로 두둥실 날아가 아빠에게 구름빵을 전달한다.
교수-학습 적용	• 하늘에서 찍은 우리 동네 모습 사진을 관찰한다. • 하늘을 날아 아빠에게 구름빵을 배달하는 주인공들을 생각하며 모래 상자를 꾸민다. • 색 모래와 폐품, 꾸미기 재료들을 사용하여 건물부터 가로수까지 섬세하게 꾸미는 활동을 한다.

(2) 활동사진

출처: https://youtu.be/G3TtCDLZO7g

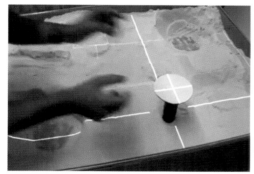

출처: https://youtu.be/vXkA9gUoSAc

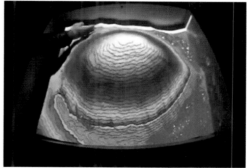

출처: https://youtu.be/NcjAkmFN1Gg

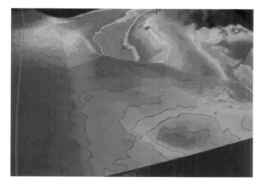

출처: https://youtu.be/Ki8UXSJmrJE

마을 만들기 1

마을 만들기 2

마을 만들기 3

마을 만들기 4

기지 만들기 1

기지 만들기 2

기지 만들기 3

토의해 봅시다

- 모래가 유아에게 안전하고 유해하지 않는가?

- 모래상자를 활용하기에 적절한 주제인가?

- 지리적 특성에 호기심을 갖고 쉽게 파악하게 되었는가?

- 다양한 소품을 첨가하여 개념을 확장하였는가?

4. 게임

1) 개념 및 의의

> • 규칙을 정해 놓고 승부를 겨루는 놀이. '경기', '내기', '놀이'로 순화하여 사용하는 단어.
>
> (표준국어대사전)
>
> • 승패를 정하기 위한 규칙과 환경 또는 타인과의 상호작용을 바탕으로 하며, 일반적으로 즐거움을 위해 행하는 활동이다.
>
> (위키백과사전)

게임은 조직적인 놀이이며, 승자의 결정을 위한 기준이 있고, 일치된 규칙이 있는 활동이다. 집단 내에서 게임을 하는 것은 집단에 소속감을 형성하도록 도와주며, 여러 가지 기술이나 개념들을 좀 더 쉽게 이해하고 수용할 수 있으며 개인적 능력을 키워 갈 수 있는 좋은 기회가 된다.

게임은 개인 간의 규칙이 설정된 맥락 안에서 상호 경쟁적 관계가 형성되는 놀이로써 놀이 단계 중 가장 높은 수준의 놀이 형태다. 게임은 일반 놀이와 다르게 단순한 정서의 표출이나 해소가 아니라 인지적인 전략이나 문제해결력으로 경쟁에서 이기기 위한 인지적, 정서적 조절을 필요로 하고 많은 제약에 따라야 하며 목표 지향적이라는 점의 차이가 있다. 게임을 통하여 사회적 친밀감을 형성하여 문제를 협동적으로 해결하며, 경쟁과 긴장감, 즐거움을 통해 건전한 성취를 지향하게 된다. 이때 게임에 참가하는 유아들은 동등한 위치에서 적극적으로 놀이에 참여해야 하며 유아들 스스로 동기가 유발되고 게임 자체를 즐기도록 하는 것이 필요하다.

2) 형태와 유형

• 인원 및 형태: 1:1 게임, 원 게임, 집단 게임, 편 게임, 자유 게임 등
• 방법: 목적물 맞추기 게임, 경주 게임, 쫓기 게임, 숨기기 게임, 알아맞히기 게임,

언어적 지시 게임, 카드 게임, 판 게임, 겨루기 게임

3) 유의점

- 유아의 연령과 수준을 고려한 게임을 선택하도록 한다.
- 경쟁과 승부에 집착하기보다 협력과 즐거움을 증진시킬 수 있도록 지도한다.
- 게임을 하는 동안 분노, 좌절, 질투 등의 감정이 자연스럽게 해소되도록 한다.
- 승패에 대한 보상을 제공하기보다 모두가 즐겁게 활동에 참여하는 데 중점을 둔다.
- 유아가 자발적이고 협력적인 자세로 참여하도록 유도한다.
- 유아 자신의 사고나 감정에 대한 통찰을 이룰 수 있는 기회를 제공한다.
- 자신의 활동과 결과에 대한 반성적 사고를 거쳐 재시도할 수 있게 함으로써, 스스로 개선하며 성공적으로 수행할 수 있는 계기를 제공한다.

4) 교수-학습 활용의 예

(1) 상호작용의 절차

게임을 활용한 상호작용의 절차와 내용은 다음과 같다. 이러한 절차들은 상황(학급 크기, 연령, 주제, 환경 등)에 따라 유연하게 적용해 볼 수 있다.

절차	내용
게임도구 탐색하기	• 게임에 사용될 도구를 소개하고 모양, 사용법 등을 생각하며 탐색하기
게임 방법 및 규칙 정하기	• 교사와 유아, 유아들 간의 토의를 통하여 게임 방법 및 지켜야 할 규칙 정하기
시범 보이기	• 게임을 실시하기 전 교사나 원하는 유아가 나와 시범 보이기 • 시범 등에 기초하여 게임 방법 재구성 및 결정하기
팀 나누기	• 팀 나누는 방법에 대해 이야기 나누고 팀 정하기 예) 파랑팀과 노랑팀(옷 색깔) 　　딸기팀과 바나나팀(먹고 싶은 과일) 　　라이언팀과 피치팀(좋아하는 캐릭터) 　　티라노(사우르스)팀과 브라키오(사우르스)팀(생활주제) • 팀 응원 방법 및 구호 정하기

게임하기	게임 방법에 따른 전략을 세우고 규칙을 준수하여 게임하기
규칙 수정하여 게임하기	게임 시 발생하는 어려움이나 문제 상황 등을 고려하여 규칙을 수정하고 재게임하기
평가하기	게임을 하면서 재밌었던 일이나 속상했던 일 등을 나누기 먼저 실시한 게임 방법과 수정한 게임 방법 비교, 평가하기 게임 자료 및 교실을 정리하기

(2) 교수-학습의 예

앞의 절차를 적용한 교수-학습의 예시는 다음과 같다. 유아가 공룡알을 바구니에 담은 뒤 친구와 함께 장애물을 통과해 안전하게 운반하는 게임활동이다.

생활주제	동식물과 자연	집단형태	대·소집단	대상	5세
주제	공룡	사회과 관련 주제	개인적 발달과 정체성 힘, 권력, 지배		
활동명	공룡알 옮기기				
목표	• 공룡에 관심을 가진다. • 다른 사람과 서로 협력하여 게임할 수 있다. • 신체를 활용하여 즐겁게 게임에 참여하는 태도를 기른다.				

절차		활동내용	자료 및 유의점
도입	흥미유발 및 게임도구 탐색하기	• 수수께끼로 공룡을 소개하고 간단히 이야기 나눈다. - 나는 아주 오래전 지구에 살았어요. 여러 모습과 크기가 다양한 친구들이 있어요. 날카로운 발톱을 가진 친구도 있고 기다란 목을 가진 친구도 있어요. - 공룡을 본 경험이 있니? 어디에서 보았니? - 좋아하는 공룡은 무엇이니? - 공룡은 어떻게 태어날까? • 게임도구를 탐색한다. - 어떻게 생겼니? 무엇처럼 보이니? - 이 도구를 사용하여 어떤 게임을 할 수 있을까?	자 모형 공룡알, 바구니, 종이블록, 점수판
전개	게임 방법 및 규칙정하기	• 토의를 통해 제시한 여러 가지 방법 중 한 가지를 선택한다. - 어떤 방법의 게임을 하는 것이 좋을까? - 게임 방법은 어떻게 선택할까?	유 유아들이 스스로 규칙을 정할 수 있도록 한다.

전개		<게임 방법> 1) 전체 두 팀으로 나눈다. 2) 한 팀당 두 명의 유아가 나온다. 3) 공룡알을 바구니에 넣고 장애물을 통과한 뒤 다시 출발점으로 돌아온다. 4) 공룡알을 떨어트리거나 바구니에서 손이 떨어질 경우 처음부터 다시 게임한다.	유 부정적인 용어보다 긍정적인 용어 사용하도록 한다.
		• 게임 시 지켜야 할 규칙에 대해 이야기 나눈다. - 즐겁고 안전한 게임활동을 하려면 어떤 규칙이 필요할까?	
	시범 보이기	• 원하는 유아가 나와 시범을 보인다. • 시범에 기초하여 게임 방법을 확정한다. - 이 방법대로 게임을 하면 되겠니? 혹시 고쳐야 할 어려운 부분이나 위험한 방법이 있었니? - 그럼 고친 방법대로 게임을 해 볼까?	유 게임 방법과 역할, 순서를 익히도록 돕는다.
	팀 나누기	• 게임을 하기 위한 팀을 나누고 이름을 정한다. - 편을 어떤 방법으로 나누는 것이 좋을까? - 양 팀의 수가 맞는지 어떻게 확인할까? 수가 맞지 않으면 어떻게 해야 할까? - 편의 이름은 어떻게 정할까? - 함께 공룡알을 옮길 친구들은 어떻게 정할까? • 팀 응원 방법 및 구호를 정한다. - 팀을 응원할 때는 어떻게 할 건지 팀끼리 정해 보자. - 응원할 때는 어떤 약속을 지켜야 할까?	
	게임하기	• 게임활동을 한다. - 정한 약속에 따라 질서 있게 게임을 해 보자. - 어떤 팀이 승리하게 될까? 먼저 들어온 친구팀에게 점수를 주고, 또 점수를 얻는 다른 방법이 있을까?	유 진 팀의 유아들을 격려하고 경쟁이 과열되었을 경우 잠시 중단하여 안정감을 유지하도록 한다.
	규칙 수정하여 게임하기	• 1차 게임 후 이야기 나누기를 통해 게임 방법을 수정 및 보완한다. - 게임을 하면서 어려웠던 점이나 불편했던 점이 있니? - 게임 방법을 어떻게 바꾸어 보면 좋을까? • 수정된 방법으로 재게임을 한다.	

마무리	평가하기	• 게임을 마무리하고 평가한다.
		  – 어떤 팀이 이겼니? 왜 그렇게 됐을까?
		  – 이긴 팀에게 박수쳐 줄까? 열심히 노력한 ○○팀도 수고했다고 박수쳐 주자.
		  – 친구와 함께 공룡 알을 옮겨 보았는데 어떤 점이 즐거웠니?/아쉬웠던 점은 무엇이니?
		  – 처음 했던 게임 방법과 바꾸어서 했던 게임 방법 중 어떤 것이 더 좋았니? 그 이유는 무엇이니?
		• 게임도구와 교실을 정리한다.
			유 최선을 다하고 즐겁게 참여한 과정에 초점을 두어 평가한다.

앞의 절차뿐만 아니라, 다음과 같은 방법으로도 적용해 볼 수 있다.

생활주제 '동식물과 자연'에서 앞의 '공룡알 옮기기' 게임을 또 다른 절차에 적용하여 협동게임으로 실행하였고, 생활주제 '가을'에서는 1:1 게임을 활용한 절차로 실시하였다.

■ 생활주제: 동식물과 자연

생활주제		동식물과 자연	집단형태	대집단	대상	5세
주제		공룡	사회과 관련 주제	힘, 권력, 지배		
활동명		공룡알 옮기기				
목표		• 공룡은 알에서 태어남을 안다. • 다른 사람과 서로 협력하여 게임을 할 수 있다. • 약속을 지키며 공정하게 게임하는 태도를 갖는다.				
절차		활동내용			자료 및 유의점	

도입	1. 게임 준비 및 도입	• 수수께끼로 공룡을 소개하고 공룡에 대해 간단히 이야기를 나눈다.
		  – 공룡은 어떻게 해서 태어날까?
		  – 공룡은 왜 사라지게 되었을까?
					자 공룡 사진	

전개	2. 게임 방법 및 규칙 함께 정하기	• 친구들과 서로 협력하여 바구니에 담긴 공룡알을 나를 수 있는 방법에 대해 이야기해 본다. – 바구니에 담긴 공룡알을 친구들과 함께 나를 수 있는 방법에는 어떤 것들이 있을까? • 협동적 게임 시 지켜야 할 규칙에 대해 이야기 나눈다.				

전개	2. 게임 방법 및 규칙 함께 정하기	– 친구와 협동해서 게임하기 위해 지켜야 할 규칙에는 어떤 것들이 있을까? <게임 방법> 1) 전체 두 팀으로 나눈다. 2) 한 팀당 두 명의 유아가 나온다. 3) 공룡알을 바구니에 넣고 장애물을 통과한 뒤 다시 출발점으로 돌아온다. 4) 공룡알을 떨어트리거나 바구니에서 손이 떨어질 경우 처음부터 다시 게임한다.	자 바구니, 공룡알
	3. 집단 형태 정하기	• 협동적 게임을 하기 위한 팀을 나누고 이름을 정한다. – 게임을 실시하기 위해 팀을 어떻게 나누는 것이 좋을까? • 함께 공룡알을 옮길 팀을 정하는 방법을 친구들과 의논한다. – 함께 공룡알을 옮기는 친구들은 어떻게 정할까?	유 유아들이 토의를 통해 정하도록 돕는다.
	4. 게임 실시하기	• 시범 게임을 실시하여 모든 유아가 게임 방법과 역할, 순서를 익히도록 한다. – 게임 방법 중 이해가 되지 않는 부분이 있니? • 같은 팀끼리 짝을 지어서 협력하여 게임을 한다.	
	5. 결과 판정 하기	• 게임이 끝난 후 점수 주기 및 결과 판정을 한다. – 어느 팀이 서로 협동하여 공룡알을 안전하게 옮겼니? – 게임 규칙을 잘 지키고 응원을 열심히 했니?	
마무리	6. 종합적인 평가 및 정리	• 게임을 하면서 재미있었던 일이나 기분 상했던 일 등을 이야기 나눈다. – 게임을 하면서 즐거웠던 점이나 속상했던 일이 있었니?	

출처: 이정애(2010). 협동적 편 게임이 유아의 자기조절력과 사회적 능력에 미치는 영향. 전남대학교 대학원 석사 학위논문.

■ 생활주제: 가을

생활주제	가을	집단형태	대집단	대상	5세
주제	가을의 열매	사회과 관련 주제	개인적 발달과 정체성, 힘, 권력, 지배		
활동명	가을의 열매를 모아요				
목표	• 가을의 열매에 관심을 가진다. • 서로 협력하여 즐겁게 게임활동에 참여한다. • 감과 밤의 특징을 비교할 수 있다.				

	절차	활동내용	자료 및 유의점
도입	1. 게임도구 탐색하기	• 게임도구들을 제시하고 어떤 게임이 가능할지 다양하게 탐색해 본다. – 어떤 도구들이 있니? – 이 도구를 이용해 어떤 게임을 할 수 있을까?	자 사진 자료 (감나무, 밤나무), 감열매, 밤열매, 바구니 2개, 점수판
전개	2. 게임 방법 및 규칙 정하기	• 유아들이 제시한 여러 가지 게임 방법 중에서 한 가지 방법을 정한다. – 어떤 게임을 하고 싶니? – 어떤 방법으로 게임을 정하면 좋을까? <게임 방법> 1) 전체 두 팀으로 나눈다. 2) 한 팀당 한 명의 유아가 나온다. 3) 출발점 반대편에 있는 감나무와 밤나무에 가서 5초간 열매를 모은 뒤 다시 돌아온다. 4) 더 많은 열매를 가져 온 친구에게 1점을 준다.	
	3. 게임 규칙 정하기	• 게임에 필요한 규칙을 정한다. – 즐겁게 게임하기 위해서 어떤 규칙이 필요할까?	유 경쟁적인 태도보다 협력적인 태도의 규칙을 경험하도록 한다.
	4. 팀 나누기	• 두 팀으로 나눈다. – 팀은 어떻게 나누고 싶니? – 팀 이름은 무엇으로 하고 싶니?	
	5. 시범 보이기	• 각 팀의 대표가 나와서 제안한 방법대로 게임을 해 본다. – 어떤 방법대로 게임을 하고 싶니? 혹시 고쳐야 할 어려운 부분이나 위험한 방법이 있었니?	

	– 그럼 고친 방법대로 게임을 해 볼까? • 친구들이 최선을 다하도록 응원을 해 본다. – 게임에 참여하는 친구들을 어떻게 응원하고 싶니?	

6. 게임하기	• 게임활동을 한다.
	  – 정한 약속에 따라 질서 있게 게임을 해 보자.
	  – 어떤 팀이 승리하게 될까?
	  – 먼저 들어온 친구팀에게 점수를 어떻게 표시해 줄까?
	  – 또 다른 점수를 얻는 방법이 있을까?
		유 진 팀의 유아들을 격려하고 경쟁이 과열되었을 경우 잠시 중단하여 안정감을 유지하도록 한다.

8. 평가하기	• 평가하기
	  – 어떤 팀이 이겼니?
	  – 이긴 팀에게는 축하의 박수를 진 팀에게는 열심히 했다고 모두 박수쳐 주자.
	  – 게임활동을 하면서 즐거웠거나 어려웠던 점은 무엇이니?	

5) 참고

(1) 사회과 문학도서의 예

게임활동으로 확장 가능한 사회과 문학도서의 예는 다음과 같다.

제목	커다란 과자를 만들자(2011) 글 · 권재원, 그림 · 김숙경/웅진다책
사회과 관련 요소	협력
생활주제	건강과 안전
줄거리	책을 읽고 있던 준모는 부스럭 거리는 소리를 쫓아간다. 그랬더니 빗자루를 탄 마법사가 다가와 버터와 밀가루, 독수리 알과 설탕을 구해 주면 맛있는 과자를 만들어 주겠다고 말한다. 준모는 이곳저곳을 다니며 재료를 모아 오고 마법사는 준모가 가져온 것들을 가지고 커다란 과자를 만든다.
교수-학습 적용	• 유아들이 좋아하는 과자에 대해 이야기 나눈다. • 과자를 만들 때 필요한 재료를 탐색하고 게임 방법에 대해 알아본다. • 카드 뒤집기(과자 재료 모으기) 게임을 한다. • 게임활동을 평가하고 열심히 한 친구들에게 박수를 보내며 활동을 마무리한다.

제목	소리가 움직여요(2004) 글 · 김순한, 그림 · 설은영/웅진닷컴
사회과 관련 요소	환경
생활주제	나와 가족
줄거리	우리 주변은 소리로 가득하다. 소리는 물체의 움직임 속에서 만들어지고, 움직이는 모든 것은 소리를 만들어 낸다. 그 소리가 공기의 떨림, 흙, 물, 나무, 쇠 등을 통해 사람의 귓속 고막까지 진동으로 전달된다. 소리는 저마다 높이가 다르며 크기도 다르다. 소리는 어디에나 있고, 우리는 날마다 소리를 들으며 살고 있다.
교수-학습 적용	• 우리 주변에서 나는 여러 소리에 대해 생각해 본 뒤 잠시 멈춰 우리 교실 주변에서 나는 소리를 듣는다. • 소리의 움직임에 대해 알아보고 소리와 관련된 게임을 유아들과 함께 생각해 본다. • 게임의 방법과 규칙을 토의를 통해 함께 정한 뒤 게임을 시작한다. • 소리의 움직임에 대해 회상한 뒤 활동을 마무리한다. • 술래는 안대를 하고 손뼉(혹은 마라카스)을 치며 피하는 유아들을 잡는다(범위를 종이테이프로 표시). • 출발선에서 2명의 유아가 뒤돌아 있고 자기 팀원이 어떤 소리를 내면, 2명의 유아가 소리 낸 물건을 찾아온다.

제목	바람이 불지 않으면(2011) 글 · 서한얼/보림
사회과 관련 요소	타인이해, 감정이입
생활주제	봄
줄거리	봄이가 가장 좋아하는 모자를 쓰고 걸어가고 있을 때 바람이 불어 모자를 날려버렸다. 화가 난 봄이는 바람에게 "바람 따위는 없어졌으면 좋겠어!"라고 소리를 지른다. 그 소리를 들은 바람은 슬퍼서 멈췄고 바람이 멈추자 곰들의 연도, 풍차의 방앗간도, 마을과 배, 모두가 멈춰버렸다. 주변을 돌아보던 봄이는 모자를 바닥에 내려놓고 작은 소리로 "바람아, 미안해. 네가 필요해."라고 말한다. 잠시 뒤 다시 불어오는 바람에 봄이는 미소를 짓는다.
교수-학습 적용	• 바깥에 나가 가만히 서서 바람을 느낀다. • 우리 주변에 바람이 없어진다면 어떤 일이 일어날지 상상해 본다. • 종이비행기를 접어 멀리 날리기 게임활동을 한다. • 바람이 우리에게 주는 이로움에 대해 생각해 보며 활동을 마무리한다. • 모둠끼리 엎드려서 입바람으로 뿅뿅이(컬러솜)를 주고받는 협동게임을 한다.

제목	프레드릭(2003) 글ㆍ그림 레오 리오니, 옮김ㆍ최순희/시공주니어
사회과 관련 요소	우정, 환경
생활주제	겨울
줄거리	들쥐가족은 겨울이 다가오자, 밤낮없이 나무 열매와 밀과 짚을 모으기 위해 열심히 일을 한다. 겨울을 대비해 다른 들쥐들이 열심히 일할 때 프레드릭은 햇살과 색깔, 이야기를 모은다. 겨울이 되자 들쥐들은 지금까지 모아둔 먹이를 먹고 이야기를 나누며 지내게 되는데 시간이 지나자 곡식을 다 먹고 이야깃거리가 떨어져 누구도 이야기하고 싶지 않아 한다. 프레드릭이 햇살과 색깔, 이야기를 모은다는 말을 떠올린 들쥐들은 프레드릭을 찾아가고, 프레드릭은 친구들을 위해 햇살 조각과 이야기보따리를 풀어 마음속에 그려져 있는 여러 색깔들을 보여 준다. 들쥐들은 프레드릭의 이야기에 박수를 치며 감탄했고 프레드릭은 수줍게 웃는다.
교수-학습 적용	• 겨울 풍경을 보며 떠오르는 생각과 느낌을 나눈다. • 프레드릭이 모은 여러 색깔과 이야기에 대해 회상하며 우리 교실에 있는 색깔을 찾아본다. • 같은 편 친구들과 힘을 합쳐 많은 색깔을 찾고 프레드릭처럼 친구에게 설명하는 게임활동을 한다. • 우리 교실에 있는 다양한 색깔과 이야기에 대해 회상하며 기억에 남는 이야기를 그림으로 표현한다.

(2) 활동사진

토의해 봅시다

- 게임이 유아의 연령 등을 고려하여 교육적으로 적절한 게임인가?

- 게임에 관한 수업안이 사회과의 목표를 적절하게 달성하였는가?

- 게임이 사회과의 내용을 잘 다루고 있는가?

- 과도한 경쟁이나 보상을 유도하지 않았는가?

- 다양한 게임의 유형이 반영되었는가?(1:1 게임, 집단 게임, 협동 게임 등)

5. 신문

1) 개념 및 의의

> • 신문이란 사회에서 발생한 사건에 대한 사실이나 해설을 널리 신속하게 전달하기 위한 정기 간행물.
>
> (표준국어대사전)

신문은 우리 주변의 일상생활의 새 소식뿐 아니라 세계 각 지역의 소식을 전달하여 경험을 연결시켜 주는 매체다. 유아교육기관의 신문 만들기는 유아들이 흥미를 가지고 활동적으로 참여하여 사회과 개념을 자연스럽게 이해할 수 있는 창조적인 교수전략이다. 그중 신문활용교육(NIE)은 신문을 학습에 활용하여 교육적 효과를 높이는 프로그램이다.

신문 만들기는 유아들이 교사와 함께 신문의 주제와 관련된 경험과 생각, 활동 등을 주요 내용으로 기사를 작성하고, 사진과 그림을 이용하여 여러 가지 소식과 정보를 전달하는 매체를 만드는 것을 말한다. 유아들은 신문 만들기 활동을 통해 기자와 독자의 입장이 되어 봄으로써 글을 쓰고 읽는 것에 많은 관심을 가지게 된다. 또한 주변에서 일어나는 여러 가지 소식에 대한 신문 기사를 유아 스스로 작성하고, 교사와 수정하는 과정을 통해 사건에 대한 정확한 이해와 합리적 사고가 가능하다. 사건이라 함은 키우던 금붕어가 죽은 일, 우리나라 선수가 금메달을 딴 일, 할머니가 용돈을 모아 장학금을 기부한 일 등 다양한 자원을 동원할 수 있다.

2) 형태와 유형

- 발간시기: 일간지, 주간지, 월간지, 수시발행지 등
- 주제: 패션신문, 스포츠신문, 경제신문, 시사신문, 가족신문, 유치원신문 등
- 형태: 종이신문, 인터넷신문 등

- 대상: 유아신문, 어린이신문, 청소년신문, 어른신문, 학교신문 등
- 직업: 교사신문, 농민신문, 노동신문 등

3) 유의점

- 신문의 내용이 유아에게 적절한가를 고려한다. 학문의 최첨단을 다루는 윤리적 논쟁들은 유아에게 적절하지 않다.
- 종이로 된 신문을 접할 기회가 적으므로 신문에 대한 탐색의 시간을 충분히 제공한다.
- 신문의 관심 있는 페이지에 어떤 종류의 이야기가 있는지, 신문에 있는 다른 이야기들은 무엇이 있는지, 신문에 있는 광고는 어떠한지, 더 나아가 뉴스와 사설의 차이점은 무엇인지 등 유아들과 함께 신문의 구성과 내용을 살펴보고 이야기 나눈다.
- 유아들을 소집단으로 나눈 뒤 주제에 대한 인터뷰, 광고, 사건과 사고에 대한 기사 등을 만들고 이를 모아 함께 신문을 만들도록 한다.
- 유아들이 컴퓨터를 이용할 수 있는 상황이라면 다양한 글자체(바탕, 신명조, 굴림 등)를 사용하여 기사란을 만들어 볼 수 있다.
- 유아들이 직접 그린 만화와 광고 등을 스캔하여 신문의 완성도를 높일 수 있다.
- 기사나 광고의 내용이 정확하며 시간, 장소, 인물이 역사적으로 맞는지 고려해야 한다.
- 한 기사 안에 나타나는 다양한 생각과 관점에 대하여 존중한다.

4) 교수-학습 활용의 예

(1) 상호작용의 절차

신문을 활용한 상호작용의 절차와 내용은 다음과 같다. 이러한 절차들은 상황(학급 크기, 연령, 주제, 환경 등)에 따라 유연하게 적용해 볼 수 있다.

절차	내용
신문의 구성과 내용 알아보기	• 신문을 탐색하며 신문의 구성과 내용을 알아보기 예) 1. 신문에는 날짜와 날씨가 있다. 　　 2. 제목은 큰 글씨로 쓰여 있다. 　　 3. 사진, 만화, 광고 등이 있다. 　　 4. 한자와 외국어가 있다.
신문에 넣을 소식 정하기	• 어떤 신문을 만들 것인지 생각한 뒤 신문의 목적에 맞는 소식과 내용을 정하기(연령이나 유아의 환경에 맞는 적절한 크기를 고려)
기사 작성 또는 그림이나 사진을 준비하기	• 신문에 넣을 소식과 관련된 그림이나 사진, 기사 내용을 준비하기
신문 구성하기	• 유아들과 토의를 통해 준비한 기사 내용과 그림, 사진 등을 적절한 위치에 배치하기
신문 소개하기	자신(그룹)이 준비한 신문의 기사 내용과 사진 등을 설명하고 해석하기 • 신문 소개하고 설명하기(동생반을 초대할 수 있다)
평가하기	• 기억에 남는 신문 기사나 새롭게 추가하고 싶은 내용 등에 대해 이야기하고 활동하기 • 즐거웠거나 아쉬웠던 점 나누기 • 사실이나 사건이 효과적으로 전달되었는가 또는 새로운 소식인가 등 신문의 특성을 반영하여 평가하기

(2) 교수-학습의 예

앞의 절차를 적용한 교수-학습의 예시는 다음과 같다. 신문의 종류와 구성에 대해 알아본 뒤 유아가 직접 신문에 들어갈 기사와 사진, 광고 등을 만들어 신문을 구성해 보는 활동이다.

생활주제	우리나라	집단형태	대 · 소집단	대상	5세
주제	우리나라의 자랑거리	사회과 관련 주제	민족, 지역, 환경		
활동명	우리나라 자랑거리 신문 만들기				
목표	• 우리나라의 자랑거리에 대하여 관심을 가진다. • 신문의 기능과 구성을 안다. • 친구와 협력하여 신문을 만들어 본다.				

	절차	활동내용	자료 및 유의점
도입	신문의 구성과 내용 알아보기	• 신문을 탐색하며 구성과 내용을 알아본다. － 신문은 어떻게 생겼니? － 신문에는 어떤 것이 있니? － 제목은 어떻게 쓰여 있니? － 가장 중요한 소식은 신문의 어디에 있을까?	자 신문 유 신문을 탐색하는 시간을 넉넉히 제공한다.
전개	신문에 넣을 소식 정하기	• 신문의 종류(일간지, 인터넷신문, 어린이신문 등)에 대해 이야기 나눈다. － 신문의 종류에는 어떤 것이 있을까? － 친구들은 어떤 신문을 만들고 싶니? • 신문에 넣을 소식을 정해 본다. － 신문의 이름은 무엇으로 할까? － 신문에는 어떤 내용을 넣고 싶니? － 신문의 광고에는 무엇이 있어야 할까?	유 유아의 연령과 환경에 맞는 적절한 크기의 신문을 선택한다.
	기사 작성 또는 그림이나 사진 준비하기	• 신문에 들어갈 기사와 그림, 사진을 준비한다. － 기사, 그림, 광고, 사진 등을 넣기 위한 역할 분담을 어떻게 하는 것이 좋을까? － 우리나라 자랑거리를 알리기 위해 어떤 기사(그림, 사진)를 준비하고 싶니? － 신문 내용을 준비할 때 필요한 자료는 무엇이니?	유 유아들이 활동에 필요한 자료를 넉넉히 준비한다.
	신문 구성하기	• 유아들이 토의를 통해 신문을 구성한다. － 광고를 어디에 넣을까? － 기사(제목, 날짜, 광고 등)는 어디에 넣는 것이 좋을까?	유 신문의 구성을 생각하며 배치하도록 돕는다.
마무리	신문 소개하기	• 친구들에게 직접 만든 신문의 기사 내용과 사진 등을 설명한다. － 어떤 신문을 만들었니? － 신문 안에 어떤 소식들이 들어있니? • 신문을 유치원에 있는 동생 반에게 소개하는 방법에 대해 생각한다. － 동생들에게 우리가 준비한 '우리나라 자랑거리' 신문을 소개하기 위한 방법에는 어떤 것이 있을까?	
	평가하기	• 신문을 만들어 보고 난 후 느낌과 생각에 대해 이야기 나눈다. － 우리나라의 자랑거리에는 어떤 것들이 있었니? － 신문은 어떻게 구성되어 있니? － 기억에 남는 신문 기사나 사진, 광고는 무엇이니? － 신문에 새롭게 추가하고 싶은 내용이 있니? － 신문을 만들면서 즐거웠거나 아쉬웠던 점은 무엇이니? － 신문 속 내용이 다른 사람들에게 효과적으로 전달되었니?	

기자 명

신문 이름

9일 오전 서울 양재aT센터에서 열린 '2018학년도 전문대학 정시입학정보박람회'를 찾은 학생들이 입학상담을 받고 있다.

사진 첨부

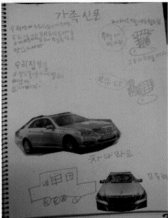

토의해 봅시다

• 신문의 주제나 내용이 유아의 연령이나 발달에 적절한 소재인가?

• 유아가 만든 신문의 내용이 사실에 근거한 것인가?

• 만들기에 집중한 나머지 다루려고 하는 개념에 소홀하지 않았는가?

• 신문에 실린 사진이 주제로 다루기에 적절한가?

6. 박물관

1) 개념 및 의의

> - 고고학적 자료, 역사적 유물, 예술품, 그 밖의 학술 자료를 수집·보존·진열하고 일반에게 전시하여 학술 연구와 사회교육에 기여할 목적으로 만든 시설.
>
> (표준국어대사전)
>
> - 역사·예술·민속·산업·자연과학 등에 관한 자료를 한데 모아 정리·전시하여 일 반에게 이용할 수 있도록 하며 아울러 이들 자료를 조사·연구하는 기관.
>
> (구글 사전)

박물관은 선조의 유산을 수집하고 보존하며 후대에 전달하는 사회적 기관이자 중요한 미디어다. 지역사회에서 문화적·공간적 역할 등 고유한 역할을 수행할 뿐만 아니라 사람들의 다양한 문화욕구와 정서에 기여하는 생활공간이다. 박물관은 학습적 욕구를 충족시키는 복합문화적 장소이므로 박물관을 활용한 교육은 풍요로운 체험활동으로 확장될 수 있다.

유아는 호기심과 상상력을 가지고 있으므로 박물관을 교육적으로 활용하면 능동적 학습을 도울 수 있고 다양한 학습의 장으로 확장될 수 있다. 사회과 수업에서는 박물관 체험을 통해 다양한 시대의 사회생활을 경험해 보는 기회가 되며 표상활동을 통한 지리 개념의 확장이나 시간의 변화, 생활문화, 전통문화 등 다양한 사회과 개념을 함께 다루어 볼 수 있다.

2) 형태와 유형

- 소장자료: 미술관, 역사박물관, 과학박물관, 공예박물관, 악기박물관, 해양박물관, 공룡박물관, 자동차박물관, 자연사박물관, 차박물관, 등대박물관, 소리박물관, 자전거박물관, 만화박물관 등

- 시대: 고미술박물관, 근대미술관, 현대미술관, 민속박물관 등
- 장소: 실내박물관, 야외박물관
- 대상: 어린이박물관, 성인박물관, 노인박물관 등

3) 유의점

- 박물관 활동과 연계가 적합한 사회과 주제와 학습목표를 설정한다.
- 교사는 박물관 체험학습에서 중요한 것은 유아들의 자발적인 참여와 흥미, 요구에 의해서 진행될 수 있도록 계획한다.
- 0~2세 영아에게는 언어의 확장, 3~4세 걸음마기 유아에게는 구체적 사물과 연결하는 경험과 기회, 4~5세 유아에게는 추상적 사고를 자극하고 상상력과 창의성을 발달시키는 기회가 될 수 있으므로 적절한 동기와 격려가 필요하다.
- 박물관의 전시물을 관찰하고 기록할 수 있는 그림도구 및 필기도구를 준비한다.
- 사전활동으로 박물관에 대한 경험 공유하기, 견학 계획 세우기, 질문 목록 만들기 등을 실시한다.
- 질문 목록을 작성할 때, 교사가 토의에 부분적으로 참여하여 유아들의 대화를 도와주고 질문 목록 선정을 도와줄 수 있다.
- 후속활동으로 작은 전시회를 계획할 때는 유아가 활동했던 것의 작은 부분만을 전시하며, 전시회를 구성할 수 있는 충분한 시간과 재료를 제공한다.
- 전시품을 수집할 때 안내문을 통해 가정과 연계하여 협력할 수 있다.
- 박물관을 통한 수업은 유아의 사회적 학습에 다양하게 사용할 수 있으며, 예를 들어 연령, 시대, 사건, 개념, 개인적인 주제 등을 다룰 수 있다.

4) 교수–학습 활용의 예

(1) 상호작용의 절차

박물관을 활용한 상호작용의 절차와 내용은 다음과 같다. 이러한 절차들은 상황(학급 크기, 연령, 주제, 환경 등)에 따라 유연하게 적용해 볼 수 있다.

절차	내용
박물관 견학 및 자료 수집하기	• 박물관에 대해 이야기 나누기 • 박물관을 견학하고 자료 수집하기 　예) 1. 가고자 하는 박물관에는 어떤 것을 전시할까?(공룡, 화폐, 한복, 책, 농기구, 대나무 등) 　　　2. 박물관은 어떤 곳일까? 　　　3. 박물관에는 어떤 것들이 있었니? 　　　4. 박물관에서 어떤 것을 알게 되었니?
질문하기 및 자료 보충하기	• 박물관에 대해 궁금한 점이나 더 알아보고 싶은 내용에 대해 나누고 자료 보충하기
박물관에서 수집한 자료 정리하기	• 수집한 자료를 주제에 따라 분류하고 그림이나 글쓰기 등으로 정리하기 　예) 1. 생물과 무생물 · 색깔 등으로 분류 　　　2. 시기, 종류, 쓰임새 등으로 구분
정리된 자료를 발표하기	• 정리된 자료를 소개하고 적절한 전시 장소나 위치 정하기
다양한 표상활동하기	• 박물관에서 본 물건의 위치를 다양한 장면으로 옮겨 보기(큰 상자 안, 달력 뒷장, 도화지, 융판 등의 다른 공간) • 박물관과 관련된 다양한 표상활동하기 　예) 1. 기억에 남는 박물관 견학활동 그리기 　　　2. 박물관에서 본 작품 따라 만들기 　　　3. 사진, 그림, 모형, 유아가 만든 작품 등을 종합적으로 전시하여 우리 반 박물관 만들기 등
전시 및 평가하기	• 전시 방법을 선택하고 전시회하기, 박물관 활동을 회상하며 즐거웠던 점과 새롭게 전시하고 싶은 것 등을 나누기 　예) 전시 방법과 위치: 입구와 출구는 어디로 할까? 　　　　　　　　　　　이 작품은 어디에 전시할까? 　　　　　　　　　　　관람로는 어떻게 정할까? • 가고자 하는 박물관의 유형, 특성, 지역 등에 대해 설명하기 • 높이 올려놓을 것과 낮게 위치할 것, 밝은 곳과 어두운 곳, 벽면과 중앙에 놓을 것, 받침을 놓을 것과 헝겊을 깔아야 할 물건 등을 고려하여 전시

(2) 교수-학습의 예

앞의 절차를 적용한 교수-학습의 예시는 다음과 같다. 박물관 견학을 다녀온 뒤 수집한 자료를 분류하고 다양한 방법으로 표상활동을 한 뒤 전시해 보는 활동이다.

생활주제	동식물과 자연	집단형태	대 · 소집단	대상	5세
주제	자연과 더불어 사는 우리	사회과 관련 주제	문화, 시간, 연속성, 변화		
활동명	우리 반 박물관				

목표	• 자연사박물관에 대해 안다. • 자연사박물관과 관련된 다양한 표상활동을 할 수 있다. • 박물관에서의 공공규칙을 알고 바르게 관람하는 태도를 갖는다.

절차		활동내용	지료 및 유의점
도입	박물관 견학 및 자료 수집하기	• 자연사박물관에 대해 이야기 나눈다. 　- 박물관은 어떤 곳일까? 　- 우리가 견학 갔던 자연사박물관에는 어떤 것들이 전시되어 있었니? 　- 박물관에서 새롭게 알게 된 것이 있었니?	자 박물관 견학 사진, 팸플릿
전개	질문하기 및 자료 보충하기	• 견학 후 궁금한 점에 대해 질문한다. 　- 견학한 자연사박물관에 대해 더 알아보고 싶은 내용이 있니? 　- 궁금한 것 중에 박물관에서도 알 수 없었던 것들은 어떻게 해야 할까? 　- 어떤 방법으로 자료를 찾을 수 있을까?	
	박물관에서 수집한 자료 정리하기	• 수집한 자료를 주제에 따라 분류해 본다. 　- 박물관에서 내가 알게 된 것을 친구들도 알 수 있도록 그림이나 글로 표현해 볼까? 　- 친구들이 모은 자료들을 모두 보이게 전시해 보고, 비슷한 것끼리 분류해 보자. 어떤 것끼리 모을 수 있을까?	자 종이, 그림 도구 및 필기도구
	정리된 자료 발표하기	• 정리된 자료를 소개한다. • 자료를 전시할 장소와 위치를 정한다. 　- 비슷한 내용의 자료들끼리 모아서 전시해 볼까? 어떤 내용은 어디에 정리하면 좋을까?	
	다양한 표상 활동하기	• 자연사박물관에서 본 것들을 다양한 장면과 방법으로 표현한다(상자 속에 표현하기, 기억에 남는 장면 그림 그리기, 작품 따라 만들기 등). 　- 화석은 어떤 공간에 표현하고 싶니? 　- 어떤 장면을 그리고 싶니? 　- 직접 만들고 싶은 것은 무엇이니? • 직접 만든 작품들을 여러 가지 방법으로 전시하여 우리 반 박물관을 만든다. • 전시회 초대장과 포스터를 만든다.	유 유아들에게 다양한 장면을 제공(큰 상자, 달력, 융판 등)하고 다양한 생각들을 격려한다.

| 마무리 | 전시 및 평가하기 | • 전시회 방법과 과정에 대한 생각을 모아 본다.
  – 누구를 초대하고 싶니?
  – 언제 전시회를 시작할까?
  – 입구와 출구는 어디로 할까?
  – 이 작품은 어디에 전시할까?
• 전시회 초대장과 포스터를 통해 사람들을 초대하고 박물관 전시에 대해 설명한다.
• 박물관 활동을 회상하고 평가한다.
  – 박물관은 무엇이라고 생각하니? 우리가 꾸민 박물관은 어떤 박물관이었니?
  – 박물관 활동을 하며 즐거웠던 점과 아쉬웠던 점은 무엇이니?
  – 우리 반 박물관에 더 전시하고 싶은 것이 있니?
  – 다시 박물관 활동을 한다면 어떤 박물관을 만들고 싶니? | 유 작품의 특성을 고려하고, 유아들과의 토의를 통해 작품을 전시한다. |

5) 참고

(1) 전국 박물관 소개

지역	박물관 명	전시품	참고
서울	국립중앙박물관 어린이박물관	역사, 문화 종합	www.museum.go.kr/site/child/home
	국립어린이민속박물관	민속	www.kidsnfm.go.kr
	국립한글박물관	한글	www.hangeul.go.kr
	한국은행 화폐박물관	화폐	museum.bok.or.kr
	국립국악박물관	국악기	hwww.gugak.go.kr
	국립고궁박물관	궁중유물	www.gogung.go.kr
	우표박물관	우표	www.kstamp.go.kr/kstampworld
경기권	경기도어린이박물관	역사, 문화 종합	www.gcmuseum.or.kr
	한국카메라박물관	카메라	www.kcpm.or.kr
	지도박물관	지도, 측량장비	museum.ngii.go.kr/map
	철도박물관	철도의 역사, 문화	www.railroadmuseum.co.kr
	한국등잔박물관	등잔	www.deungjan.or.kr

강원권	국립춘천박물관	역사, 문화 종합	chuncheon.museum.go.kr
	애니메이션박물관	애니메이션, 로봇	www.animationmuseum.com
	피노키오박물관	피노키오	www.haslla.kr
	책과인쇄박물관	책, 인쇄	www.mobapkorea.com
	호야지리박물관	지리, 지도	www.geomuseum.co.kr
충청권	국립중앙과학관	과학관	www.science.go.kr
	종박물관	종	www.jincheonbell.net
	국립공주박물관	역사, 문화 종합	gongju.museum.go.kr
	국립부여박물관 어린이박물관	역사, 문화 종합	buyeo.museum.go.kr/contents/childMain.do
	산림박물관	표본, 광물, 화석	keumkang.chungnam.go.kr
전라권	국립광주박물관	역사, 문화 종합	gwangju.museum.go.kr
	소금박물관	소금	www.saltmuseum.org
	한국대나무박물관	죽세공예품	www.damyang.go.kr/museum
	고려청자박물관	고려청자	www.celadon.go.kr
	한국차박물관	차의 재배, 생산	www.koreateamuseum.kr
경상권	국립해양박물관	해양문화, 해양산업	www.knmm.or.kr
	장생포고래박물관	고래, 해양생태계	www.whalecity.kr/whale-museum/index.php
	고성 탈박물관	탈	tal.goseong.go.kr
	일준부채박물관	부채	jagulsan.com/web/fan
	국립경주박물관	역사, 문화 종합	gyeongju.museum.go.kr
제주	국립제주박물관	역사, 문화 종합	jeju.museum.go.kr
	해녀박물관	해녀문화, 어업문화	www.haenyeo.go.kr
	석부작박물관	제주의 돌, 들꽃	www.seokbujak.com
	제주도 민속자연사박물관	민속유물, 자연사 자료	museum.jeju.go.kr
	갓전시관	갓	www.gatkorea.org

(2) 활동사진

토의해 봅시다

- 박물관의 전시물이 유아에게 적절한가?

- 흥미를 유발하고 구체적 사물과 연결하는 경험이 이루어졌는가?

- 유아에게 직접 또는 간접 경험이 확장되었는가?

- 박물관에서 선정한 같은 소재를 3세, 4세, 5세에게 적용할 수 있는 방법을 생각해 보자.

- 동일한 박물관 활동 소재를 연령에 따라(3세, 4세, 5세) 달리 적용할 수 있는 방법을 생각해 보자.

7. 민속 문화

1) 개념 및 의의

> • 민속이란 민간 생활과 결부된 신앙, 습관, 풍속, 전설, 기술, 전승 문화 따위를 통틀어 이르는 말이며, 문화란 자연 상태에서 벗어나 일정한 목적 또는 생활 이상을 실현하고자 사회구성원에 의하여 습득, 공유, 전달되는 행동 양식이나 생활양식의 과정 및 그 과정에서 이룩해 낸 물질적 · 정신적 소득을 통틀어 이르는 말.
>
> (표준국어대사전)

민속 문화란 사람들과 연관된 신앙 · 습관 · 풍속 · 전설 · 기술 · 문화 등을 통틀어 이르는 말이다. 명절에 명절 음식을 먹고, 그네뛰기 같은 놀이를 즐기는 소위 보통 사람들의 풍속이 민속에 속한다. 민속은 가정의 여러 행사를 비롯하여 명절 때 먹는 음식과 하는 일, 옛날이야기, 춤, 전설 같은 것에서도 쉽게 찾아볼 수 있다. 보통 사람들의 풍속인 민속은 전통문화의 한 부분이라고 할 수 있다.

민속 문화를 활용한 교육은 유아의 생활 전반에 연결하여 교육 소재를 다양하게 활용할 수 있다는 교육적 장점과 시간의 변화에 따른 사건의 순서, 시간의 길이 등에 대한 시간의 흐름에 대한 개념도 함께 다루어질 수 있다. 또한 민속 문화를 사용함으로써 유아들이 민속 문화의 개념을 이해하고 이를 계승하여 새로운 문화를 재창출할 수 있다.

2) 형태와 유형

• 형태의 유무: 유형문화, 무형문화
• 예술적 측면: 민요, 판소리, 전통무용, 음악 등
• 내용: 칠기, 자수, 도자기, 염색, 직물, 유기 등
• 민속놀이: 대동놀이, 고싸움, 별신 굿 등

- 세시풍속
- 민속 문화의 소품을 소개하기 위하여 상자, 바구니 등을 활용할 수 있다. '궁금한 상자' 안에 들어 있는 물건을 교재로 활용할 수 있으며, 다음의 사진과 같은 상자도 호기심과 편리함을 동반할 수 있다. 상자 네 방면의 각기 다른 크기의 서랍에 민속적 소품을 각각 넣어 이야기 나누기 활동을 진행할 때 사용할 수 있다.

3) 유의점

- 유아가 시간의 변화, 계속성, 위치 등의 사회과 관련 개념을 이해할 수 있도록 수업을 계획한다.
- 활동을 계획하고 실천하는 과정에서 유아가 주도인 역할을 할 수 있도록 계획한다.
- 문화에 대한 전문적인 지식을 가진 지역의 자원인사를 활용하여 우리 문화에 대한 궁금증을 명확히 해결할 수 있도록 한다.
- 활동은 언어, 사회, 조형, 과학, 수학 등 활동들이 통합적으로 이루어질 수 있도록 계획한다.
- 민속 문화라고 하여 우리나라 등 특정 주제에만 연계하기보다는 생활주제 전체와 연계하여 민속 문화에 대한 관심을 가질 수 있도록 교육활동이 전개되는 것이 바람직하다.
- 자원인사를 활용할 경우 적절한 질문을 할 수 있도록 사전 질문 목록을 구성해 본다.

4) 교수-학습 활용의 예

(1) 상호작용의 절차

민속 문화를 활용한 상호작용의 절차와 내용은 다음과 같다. 이러한 절차들은 상황 (학급 크기, 연령, 주제, 환경 등)에 따라 유연하게 적용해 볼 수 있다.

절차	내용
민속 문화 자료 수집하기	• 민속 문화가 무엇인지 알아보고 이야기 나누기 • 주제와 관련된 사진, 그림, 실물 자료 수집하기
종류와 문화적 특성 탐색하기	• 민속 문화의 종류, 특성 탐색하고 이야기 나누기 　예) 1. 전통가옥: 지역별 및 기후별로 집 모양이 다르다 　　　2. 민요: 느리거나 빠르다, 경쾌하거나 무겁다 등
정보를 분류하기	• 관련된 정보를 각자의 기준대로 분류하기 　예) 1. 전통가옥: 지역별 전통가옥 　　　2. 탈: 웃고 있는 탈과 다른 표정의 탈 등 　　　3. 농기구: 쓰임새 등
표상방법 정하기	• 민속 문화와 관련된 다양한 표상활동하기 　예) 1. 물건이나 사람에게 담긴 이야기를 어떤 방법으로 표현하고 싶 　　　　나요? 　　　2. 어떤 재료를 사용할까요?
전시하고 공유하기	• 작품을 전시하고 친구와 가족을 초대하고 작품 소개하기 • 옛 어른들의 생활 지혜 공유하기(오늘날 우리의 방법, 미래의 방법 예측하기)
평가하기	• 생활모습이나 문화에 대하여 호기심을 갖게 되었는가?

(2) 교수-학습의 예

앞의 절차 적용한 교수-학습의 예시는 다음과 같다. 탈의 종류와 특징을 탐색하고 지역별, 표정별 등 여러 가지 기준으로 탈을 분류해 본 뒤 다양한 탈을 감상해 보는 활동이다.

생활주제	우리나라	집단형태	대 · 소집단	대상	5세
주제	우리의 문화	**사회과 관련 주제**		문화, 다양성	
활동명	탈				

목표	• 탈은 지역마다 차이가 있음을 안다. • 자신만의 창의적인 탈을 만들 수 있다. • 서로 다른 예술적 표현을 존중하는 태도를 갖는다.

절차		활동내용	자료 및 유의점
도입	민속 문화 자료 수집 하기	• 탈춤 동영상을 보며 이야기 나눈다. – 이것을 본 경험이 있니? 어디에서 보았니? – 어떤 표정으로 보이니? 왜 이런 표정을 짓고 있을까? • 탈과 관련된 자료를 수집한다. – 탈에 대해 어떤 것을 더 알고 싶니? – 탈에 대해 알아보려면 어떻게 해야 할까?	자 탈, 탈 사진, 탈춤 동영상 유 유아들이 직접 자료를 찾을 수 있도록 탈과 관련된 도서, 사진 자료, 인터넷 등을 제공한다.
전개	종류와 문화적 특성 탐색하기	• 탈의 종류와 특징을 탐색한다. – 이 탈의 이름은 무엇일까? – 왜 이런 이름을 가지게 되었을까? – 이 탈은 어떤 이야기를 가지고 있을까? • 지역별 탈의 종류와 특징을 탐색한다. – 탈의 표정이 다양한 이유는 무엇일까? – 탈놀이가 사는 곳에 따라 다른 이유는 무엇일까?	자 지역별 탈 사진 유 유아들이 자유롭게 자신의 생각을 말하도록 분위기를 조성한다.
	정보 분류하기	• 여러 가지 기준으로 탈을 분류한다. – 여러 가지 탈을 어떻게 모으거나 나눌 수 있을까? – 이렇게 모은(나눈) 이유는 무엇이니?	
	표상 방법 정하기	• 자신만의 탈을 만든다. – 친구들은 어떤 표정을 짓고 있는 탈을 만들고 싶니? – 어떤 방법으로 탈을 만들고 싶니? – 어떤 재료를 사용하고 싶니?	자 다양한 만들기 재료
마무리	전시하고 공유하기	• 만든 탈을 전시하고 친구들에게 소개한다. – 만든 탈을 어디에 전시하는 것이 좋을까? – 직접 만든 탈을 친구들에게 소개해 볼까? – 이 탈의 이름은 무엇이니? 왜 이 표정을 짓고 있니?	유 다른 친구의 작품을 존중하는 마음을 갖도록 돕는다.
	평가하기	• 활동을 마무리하고 평가한다. – 탈의 종류에는 어떤 것들이 있었니? – 왜 옛날 사람들은 탈을 만들었을까? – 나만의 탈을 만들어 보았는데 어땠니? – 또 어떤 민속 문화에 대해 알아보고 싶니?	

　　앞의 절차뿐만 아니라, 다음과 같은 방법으로도 적용해 볼 수 있다. 생활주제 '생활도구'에서는 항아리와 관련된 도서를 통해 흥미를 유발한 뒤 자원인사를 초청하여 항아리와 관련된 이야기를 들어보는 활동이다.

■ 생활주제: 생활도구

생활주제	생활도구	집단형태	대 · 소집단	대상	5세
주제	항아리의 쓰임새	사회과 관련 주제	문화		
소주제	항아리				
목표	• 친숙한 생활도구를 자세히 경험할 기회를 갖는다. • 항아리의 쓰임새와 장점에 관심을 가진다. • 나만의 항아리를 창의적으로 만들 수 있다.				

	절차	활동내용	자료 및 유의점
도입	1. 정보 수집 – 동화 　들려주기	• '숨 쉬는 항아리' 동화를 듣는다. 　– 동화책에 무엇이 나왔니? 　– 항아리는 무엇으로 만들어졌을까? • 항아리에 대한 경험에 대해서 이야기 나눈다. 　– 항아리를 본 경험이 있니? 어디에서 보았니? 무엇이 담겨 있었니? • '항아리'에 대해서 정보를 모은다. 　– 항아리는 어떤 일을 하는 것일까? 　– 항아리에 대해 궁금한 점이 있니? 　– 항아리에 대해 궁금한 점을 어떤 방법으로 찾을 수 있을까?	자 '숨 쉬는 항아리' 동화책, 항아리에 대한 자료수집 파일, 책
전개	2. 자료 탐색	• 항아리를 보고 만지며 탐색해 본다. 　– 항아리를 보니 생각나는 것이 있니? 　– 항아리를 만져 보니 어떤 느낌이 드니? • 항아리의 장점과 단점을 찾아본다. 　– 항아리는 사람들에게 어떤 도움을 줄까? 또 항아리의 좋은 점은 무엇일까? 　– 항아리가 없었으면 어떻게 되었을까? 　– 혹시 항아리를 사용하면서 불편한 점이 있었을까? • '항아리'에 대해서 도움을 줄 지역인사를 찾아본다. 　– 항아리 선생님께 어떤 도움을 받을 수 있을까? 　– 선생님께 어떤 것을 질문하고 싶니?	유 항아리는 깨질 수 있으므로 조심히 다루어야 함을 알려 준다.

	3. 자원 인사 초청	• 자원인사를 초청하여 이야기를 나눈다. - 이 선생님은 도자기를 만드는 일을 하고 계시고 오늘 우리에게 항아리에 관한 여러 이야기를 들려주실 거야. - 항아리에 대해 궁금한 것을 질문해 볼까?	유 질문 목록을 미리 작성하여 전달한다.
	4. 질문하고 기록하기	• 질문 목록에 대한 대답을 듣고 기록한다(메모 혹은 동영상). - 질문하고 대답을 들은 것을 어떻게 나중에도 알 수 있을까? - 항아리에 대해 더 궁금한 점이 있니?	자 기록지, 필기도구, 디지털카메라
	5. 전시하기	• 항아리를 만들어 본다. - 우리가 항아리를 만들어 볼까? 어떤 항아리를 만들고 싶니? • 항아리를 만든 후 전시회 준비하고 연다. - 우리가 만든 항아리를 어디에 어떻게 전시하는 것이 좋을까? - 전시회에는 누구를 초대하고 싶니? - 어떤 방법으로 전시하고 싶니? - 입구와 출구는 어디로 하고 싶니?	자 점토, 찰흙판, 이쑤시개 등
마무리	6. 정리 및 평가	• 전시회를 둘러보고 평가한다. - 가장 기억에 남는 작품은 무엇이니? - 전시회를 준비하며 즐거웠던 점이나 힘들었던 점은 무엇이니? - 우리가 정리한 항아리와 관련된 기록들과 사진들을 어떻게 보관하는 것이 좋을까?	

* 도자기는 흙을 빚어 구운 모든 물건을 뜻하며 항아리는 도자기 중에 하나로 접시, 사발, 화병 등이 수많은 도자기 물품 중 하나다.

5) 참고

(1) 사회과 문학도서의 예

박물관 활동과 관련하여 수업에 적용 가능한 사회과 문학도서의 예는 다음과 같다.

제목	우리 지킴이: 솟대에서 성주까지(2003) 글 · 청동말굽, 그림 · 금광복/문학동네어린이
사회과 관련 요소	전통과 문화
생활주제	우리나라
줄거리	우리 고유의 풍습에 숨은 의미들을 시골 할머니 댁에 놀러간 한 아이를 통해 경험한다. 시골 마을 어귀에 서 있는 장승과 솟대 끝에 앉아 있는 오리, 마을 한가운데 서 있는 둥구나무와 장독대의 칠성신, 부뚜막의 조왕신 등에 대해 알아보고, 금줄의 의미와 마을 제사에서 가족 제사, 다양한 집안 지킴이들과 마을 지킴이, 그리고 그들을 모시는 의식들을 알 수 있다.
교수-학습 적용	• 장승과 솟대 사진을 통해 유아들의 흥미를 유발한다. • 여러 자료를 통해 장승과 솟대에 대해 알아보고 관찰한다. • 우리 고유의 풍습에 대해 알아보고 풍습들이 가지고 있는 의미를 나눈다. • 유아들이 상자와 휴지심, 나무젓가락, 빨대 등을 가지고 장승과 솟대를 자유롭게 표현해 본다.

제목	경복궁에서의 왕의 하루(2003) 글 · 청동말굽, 그림 · 박동국/문학동네어린이
사회과 관련 요소	전통과 문화
생활주제	우리나라
줄거리	경복궁의 건물들은 풍수지리에 따라 지어졌으며 저마다 쓰임새가 달랐다. 건물에 있는 여러 문양부터 병풍에 그려진 그림의 의미를 알 수 있고, 병풍 뒤에 숨어 있는 문에 대해서도 설명한다. 왕비의 처소와 그 앞에 핀 꽃에 대해 이야기하고, 굴뚝과 꽃담이 아름다운 대비의 침전 자경전, 왕이 나랏일을 보던 편전, 궁궐의 부엌 소주방과 생과방, 풍악 소리가 호수에 잔물결을 일으키던 경회루, 그리고 비밀스러운 왕의 화장실인 매화틀까지 경복궁에서 왕의 하루 일과를 따라가며 건물 곳곳에 숨겨진 아름다움을 경험할 수 있다.
교수-학습 적용	• 우리나라의 고궁 사진을 감상한다. • 경복궁에 대해 이야기 나누고 건물의 여러 문양과 양식, 그림에 대해 관찰한다. • 경복궁에 대해 더 알고 싶은 내용을 기록하고 책과 인터넷을 활용하여 찾아본다. • 활동을 하며 가장 기억에 남는 내용과 자신이 찾은 내용을 친구들에게 소개한다.

제목	나이살이(2004) 글·청동말굽, 그림·고광삼/문학동네어린이
사회과 관련 요소	전통과 문화, 역사
생활주제	우리나라
줄거리	한 사람이 태어나 자라고, 늙고, 죽을 때까지 겪는 우리 전통의 흥겨운 잔치들과 의례들에 대해 알 수 있다. 사람의 한살이를 보여 주며 우리 삶의 중요한 길목마다 겪었던 통과 의례의 이름과 형식에 대해 알아보고 우리나라의 전통과 예절, 그리고 옛사람들이 가졌던 사상까지 경험할 수 있다.
교수-학습 적용	• 전통결혼식 동영상을 보며 유아들의 흥미를 유발한다. • 유아들이 경험한 잔치나 의례에 대해 이야기 나눈다. • 사람의 한살이를 나열해 보며 어떤 잔치들과 의례들이 이루어지는지에 대해 알아본다. • 사람의 한살이를 시간의 변화에 따라 정리한다.

제목	하늘 높이 솟은 간절한 바람, 탑(2010) 글·이기범, 그림·김도연/문학동네
사회과 관련 요소	전통과 문화, 역사
생활주제	우리나라
줄거리	가장 다루기 어려운 석재인 단단한 화강암으로 만들어진 석탑은 삼국 시대부터 조선 시대를 거쳐 근·현대까지도 끝없이 만들어져 왔다. 탑을 통해 우리 조상의 지혜와 기술, 자연관, 예술성을 살펴볼 수 있다. 시대별로 대표적 석탑을 만나 보고 그 탑의 가치와 의미를 알아볼 수 있으며 석가탑, 다보탑, 그리고 천불천탑 등의 탑을 통해 석조 문화재에 대해 경험하며 우리 조상이 석탑을 쌓아 올릴 때 기도한 간절한 바람도 느낄 수 있다.
교수-학습 적용	• 10원짜리 동전 속 다보탑을 제시하며 유아들의 흥미를 유발한다. • 시대별 탑의 모습을 관찰하며 모양과 무늬를 비교한다. • 탑의 변화를 시간의 띠로 표현한다. • 자신이 만든 띠를 친구들에게 소개한다.

제목	한판 놀아보자 탈춤(2010) 글 · 송인현, 그림 · 장선환/문학동네
사회과 관련 요소	전통과 문화
생활주제	우리나라
줄거리	우리 조상들은 탈을 쓰고 춤을 추면서 정해진 현실에서 벗어나 춤을 추며 즐겼다. 또한 조상들은 정해진 규격과 규범을 넘어서는 힘을 가진 탈춤으로 하고 싶은 말을 마음껏 표현하기도 했다. 성격이 고스란히 나타난 개성 넘치는 탈을 쓴 등장인물 등 탈춤과 관련된 정보를 통해 탈에 대한 다양한 정보를 얻을 수 있다.
교수-학습 적용	• 여러 종류의 탈을 관찰한다. • 탈을 보며 성격을 상상해 보고 조상들이 탈을 쓰고 춤을 췄던 이유를 생각해 본다. • 유아들이 탈을 만든다면 어떤 탈을 만들고 싶은지에 대해 이야기 나누고 자신만의 탈을 만든다. • 자신이 만든 탈을 쓰고 탈춤놀이를 한다.

제목	조선 화원의 하루(2011) 글 · 조정욱, 그림 · 배현주/문학동네
사회과 관련 요소	전통과 문화
생활주제	우리나라
줄거리	조선시대에서는 궁중에 화가를 두고 그림을 그리게 했는데 그들을 화원이라고 불렀다. 화원의 그림에는 세상에서 일어나는 모든 일이 담겨 있었다. 궁중을 떠날 수 없는 왕은 화원의 그림을 보면서 백성의 삶을 살펴보고 이해했다. 조선시대의 화원은 왕은 물론, 백성의 생활과 문화를 생생하게 그려 내어 그 그림을 통해 조선시대 사람들의 삶을 상상해 볼 수 있다.
교수-학습 적용	• 민화와 풍속화를 감상한다. • 화원의 삶에 대해 알아보고 그림을 통해 조선시대의 모습을 상상해 본다. • 현재와 조선시대의 같은 점과 다른 점을 찾아 비교해 본다. • 비교한 내용을 벤다이어그램으로 정리한다.

제목	복주머니랑 그네랑 신나는 명절 이야기(2005) 글 · 햇살과 나무꾼, 그림 · 조은희/해와 나무
사회과 관련 요소	전통과 문화
생활주제	우리나라
줄거리	우리 조상들은 농사일에 중요한 고비가 찾아올 때마다 하루씩 쉬는 날을 마련했다. 우리나라에의 명절에는 주머니 가득 복을 모으러 다니던 설, 대문에 방을 붙이고 봄을 맞이하는 입춘, 줄다리기를 하며 기운을 모으던 날 정월 대보름, 새 불씨를 기다리며 찬밥을 먹던 날 한식, 꽃지짐을 부쳐 먹는 날 삼월 삼짇날, 연등 축제를 벌이던 날 초파일, 그네를 뛰고 씨름을 하며 신나게 놀던 날 단오, 펄펄 끓는 국물로 더위를 이기던 날 삼복, 밤하늘의 별을 바라보던 날 칠석, 수확을 앞두고 잔치를 벌이던 날 추석, 복조리를 만들며 새해 채비를 하던 날 동지가 있고 이에 대해 그림 자료와 함께 알아본다.
교수-학습 적용	• 달력을 보며 우리나라 명절을 찾아본다. • 유아들이 경험한 명절에 대해 이야기 나눈다. • 명절의 의미와 명절의 종류를 알아보고 사람들이 명절을 지키는 이유에 대해 생각해 본다. • 명절별로 먹는 음식과 하는 놀이를 정리하여 전시한다.

제목	미리 가 본 국립중앙박물관(2009) 글 · 오명숙, 기획 · 강웅천/한림출판사
사회과 관련 요소	전통과 문화
생활주제	우리나라
줄거리	국립민속박물관은 고대에서 현대에 이르는 생활사를 엿볼 수 있는 생활사 박물관으로 출생부터 죽음까지의 과정을 담은 '평생 의례', 의식주의 생활을 담은 '생활문화', 봄 · 여름 · 가을 · 겨울의 사계절과 세시 풍속을 담은 '한해살이', 야외 전시로 1960~1970년대의 거리의 모습을 재현해 놓은 '추억의 거리'로 총 4주제로 나누어 소개되어 있다.
교수-학습 적용	• 과거 사람들의 모습 사진을 보며 이야기 나눈다. • 4주제로 나누어 유아들이 각자 관심 있는 주제와 관련된 내용을 조사한다. • 친구들과 찾은 자료를 비교하여 하나로 만드는 작업을 한다. • 조별로 자신이 조사한 내용을 친구들에게 소개한다. • 유아들이 찾은 자료를 전시하여 동생 반에게 소개한다.

(2) 활동사진

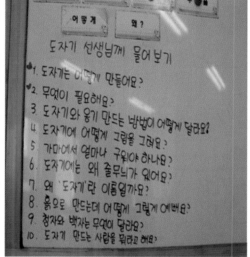

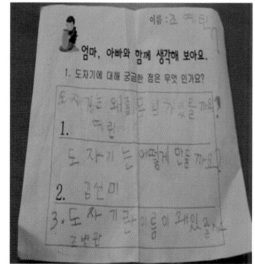

토의해 봅시다

- 유아의 연령, 사전경험을 고려한 민속 문화재인가?

- 문화재는 추상적 개념을 구체물로 접근하여 경험하도록 하였는가?

- 현재 사용하는 일상소품이 어떻게 변해 왔는지 관심을 가지게 되었는가?

- 문화재에 담긴 조상의 지혜와 슬기를 알게 되었는가?

- 귀중한 문화재를 어떻게 잘 보존할 수 있을까?

8. 역사적 인물

1) 개념 및 의의

> • 역사란 인류 사회의 변천과 흥망의 과정. 또는 그 기록이며 인물이란 일정한 상황에서 어떤 역할을 하는 사람이다.
>
> (표준국어대사전)
>
> • 기나긴 역사의 흐름과 발전에 있어 중요한 영향을 끼쳐 족적을 남긴 인물.

역사적 인물이란 직접 체험할 수 없는 역사를 객관적으로 이해시키고 아이들이 친근감을 느끼고 가까이 하게 하는 역사학습의 매개물이라고 할 수 있다. 역사적 인물을 통한 학습은 단순한 업적의 암기나 사실의 해설에 그치는 것이 아니라 역사적 사실을 객관적으로 인식하고 그 인식을 기반으로 하여 역사적 능력과 태도, 역사의식과 공정한 판단력을 길러 역사 발전에 도움이 되는 실천적 인간상을 기르는 데 있다.

역사적 인물을 활용하는 수업에서 유아는 허구에서 만나는 인물이 아닌 현실에서 존재했던 역사적 인물들의 삶을 통해 많은 것을 배우게 된다. Bruner는 인간이 사회활동을 학습하게 되는 것은 관찰학습에 따른 모델링이라고 하였다. 인간의 행동은 다른 사람의 행동을 관찰하고 모방한 결과로서 이루어지는데 유아들은 각기 다른 모습, 생활양식을 가진 사람들이 어떤 식으로 그들의 삶에 영향을 미치고, 좀 더 나은 세상을 만들기 위해 노력했는지를 알아가며 자신과 다른 사람에 대해 이해해 나갈 수 있다.

2) 형태와 유형

• 성별과 직업: 남 · 여(다양한 직업)
• 분야: 정치, 문화, 예술, 농사, 교육, 스포츠, 과학, 문학 등
• 시기: 멀거나 가까운, 과거와 현재의 시간

- 특징: 우리 집, 우리 고장, 유아교육기관 설립자 등

3) 유의점

- 교사의 설명식 접근보다 유아의 놀이식 접근이 더 효과적이다. 예로 유아들이 그 인물이 되어 보거나, 그 인물을 대표하여 설명할 수 있는 사람이 되어 보게 할 수 있다.
- 유아가 인물에 대한 이야기를 자신의 이야기인 것처럼 발표할 수 있는 그 시대의 옷을 입고 공예품, 원자료, 시청각 자료들을 준비한다.
- 역사적 인물이라고 해서 반드시 위인에만 한정 짓기보다는 할머니나 기타 친숙한 어른들을 대상으로 할 수도 있다.
- 초청이 가능한 인물일 경우 인물과 삶에 대한 정보를 자세하게 이해할 수 있다.
- 역사적 인물에 대한 필요한 자료를 충분히 수집하여 활용하도록 한다.
- 유아가 역사적 인물의 삶에 공감할 수 있도록 역사적 인물에게 적절한 질문 목록을 구성한다.

4) 교수-학습 활용의 예

(1) 상호작용의 절차

역사적 인물을 활용한 상호작용의 절차와 내용은 다음과 같다. 이러한 절차들은 상황(학급 크기, 연령, 주제, 환경 등)에 따라 유연하게 적용해 볼 수 있다.

절차	내용
역사적 인물 소개하기	• 사진 자료, 도서, 동영상 등 관련 자료를 활용한 다양한 방법으로 역사적 인물을 소개하기(위인뿐만 아니라 옛 어른들의 시대와 삶에 대한 이야기 포함)
역사적 인물 특징 찾기	• 관련 자료를 통해 드러나는 역사적 인물의 시대적 배경, 환경, 성격, 업적 등의 특징 찾기
관련 정보 수집하기	• 역사적 인물에 대해 궁금한 내용이나 알고 싶은 내용과 관련된 정보를 수집하기(편지, 사진, 작품, 소장품 등)
수집한 정보 공유, 비교하기	• 수집한 정보를 친구들과 공유하고 비슷하거나 다른 정보·새로운 정보가 있는지 비교하기
정리하기	• 수집한 정보를 그림, 사진, 글을 이용하여 정리하기
발표 및 평가하기	• 정리한 정보를 친구들에게 소개하기, 기억에 남는 정보나 새롭게 알아보고 싶은 내용에 대해 나누고 활동하며 어려웠거나 즐거웠던 점에 대해 이야기하기

(2) 교수-학습의 예

앞의 절차를 적용한 교수–학습의 예시는 다음과 같다. '장영실'이라는 역사적 인물의 발명품과 업적에 대해 알아보고 관련 정보를 수집·정리한 뒤 이를 친구들에게 소개해 보는 활동이다.

생활주제	우리나라	집단형태	대·소집단	대상	5세
주제	우리나라의 자랑거리	사회과 관련 주제	시간, 연속성, 변화		
활동명	장영실				
목표	• 장영실의 업적에 대해 안다. • 장영실이 만든 발명품에 대해 관심을 갖는다. • 다양한 매체를 활용하여 정보를 수집할 수 있다.				

절차		활동내용	자료 및 유의점
도입	1. 역사적 인물 소개하기	• 장영실의 발명품 사진을 보여 주며 인물에 대한 흥미를 유발한다. – 이것은 무엇일까? 어디에 사용하는 것일까? – 누가 이것을 만들었을까? • 장영실을 소개한다. – '장영실'이라는 사람을 들어 본 경험이 있니? – 무엇을 하는 사람일까?	자 장영실 사진, 측우기, 해시계 사진

전개	2. 역사적 인물 특징 찾기	• 장영실의 특징을 찾는다. 　- 장영실은 어떤 시대의 사람일까? 　- 장영실은 어떤 것들을 만들었을까? 　- 장영실은 왜 해시계(측우기, 혼천의 등)를 만들었을까? 　- 장영실은 어떤 성격을 가진 사람일 것 같니? 그 이유는 무엇이니?	유 유아들의 다양한 생각을 장려한다.
	3. 관련 정보 수집하기	• 장영실에 대해 궁금한 점에 대해 이야기 나눈다. 　- 장영실에 대해 궁금한 것이 있니? 무엇이 궁금하니? 　- 궁금한 내용을 어떤 방법으로 찾아볼 수 있을까? • 역할을 정해 자료를 수집한다. 　- 장영실과 관련된 어떤 내용을 찾아보고 싶니? 　- 조를 어떻게 나누는 것이 좋을까?	유 유아들이 직접 자료를 찾을 수 있도록 관련 도서, 사진 자료, 인터넷 등을 제공한다.
	4. 수집한 정보 공유·비교하기	• 장영실에 대한 다양한 정보를 수집하고 정리한다. 　- 인물의 시대적 배경, 자서전, 전기, 일기, 발명품 등에 대해 찾아보자. 　- 친구들과 찾은 정보를 비교해 보았을 때 비슷하거나 새로운 내용이 있니?	
	5. 정리하기	• 수집한 정보를 정리한다. 　- 어떻게 하면 우리 반 친구들이 장영실에 대해 수집한 정보를 편하게 볼 수 있을까? 　- 어떤 방법으로 정리하는 것이 좋을까?	
마무리	6. 발표 및 평가하기	• 정리한 정보를 친구들에게 소개한다. 　- 어떤 방법으로 친구들에게 소개해 볼까? 　- 장영실이 되어서 친구들에게 소개해 볼까? • 활동을 마무리하고 평가한다. 　- 장영실은 어떤 것들을 발명했니? 　- 장영실에 대해 기억에 남은 정보나 더 알아보고 싶은 내용이 있니? 　- 활동을 하며 즐거웠거나 힘들었던 점이 있었니?	

앞의 절차뿐만 아니라, 다음과 같은 방법으로도 적용해 볼 수 있다. 생활주제 '나와 가족'에서 할머니를 초청하여 과거의 생활모습에 대해 이야기를 나눈 뒤 수집한 정보를 정리해 보며 과거와 현재의 생활모습을 비교해 보는 활동이다.

■ **생활주제: 세계 여러 나라**

생활주제	세계 여러 나라	집단형태	대·소집단	대상	5세
주제	협력하여 지내는 세계	사회과 관련 주제	시간, 연속성, 변화		
소주제	이태석 신부님				
목표	• 이태석 신부에 대해 관심을 가진다. • 이태석 신부를 다른 사람에게 소개할 수 있다. • 다른 사람을 돕는 행동은 소중하고 고마운 것임을 안다.				

	절차	활동내용		자료 및 유의점
도입	1. 인물선택 및 역할 나누기	• 아프리카에 대해 이야기 나눈다. – 세계 지도 속에는 어떤 대륙과 나라들이 있을까? – 아프리카에 대해 들어 본 경험이 있니? – 아프리카는 우리나라에서 얼마나 멀까? • 이태석 신부에 대해 이야기 나눈다. – 아프리카 대륙의 남수단이란 나라에서 봉사했던 '이태석 신부님'에 대해 들어 본 경험이 있니? – (이태석 신부님 관련 동화 듣기) – 이태석 신부님은 어떤 분이셨니? 어떤 일을 하셨니? – 톤즈 마을 사람들은 왜 이태석 신부님을 존경할까? – 신부님께 도움을 받은 사람들은 기분이 어땠을까? • 이태석 신부에 대해 궁금한 점에 대해 이야기 나눈다. – 이태석 신부님에 대해 어떤 점이 궁금하니? • 궁금한 항목들에 대한 자료를 수집할 그룹을 정한다. – 이태석 신부님에 대한 어떤 내용을 찾아보고 싶니? – 자료를 찾는 역할을 어떻게 나누는 것이 좋을까?		자 세계지도, 이태석 신부 사진, 동화책, 관련 동영상 자료
전개	2. 정보 수집	• 이태석 신부에 대한 다양한 정보를 수집한다. • 시대에 대한 추가적인 정보를 수집한다.		
	3. 정보 정리	• 이태석 신부에 대해서 수집한 정보를 정리한다. – 이태석 신부님과 관련된 여러 자료를 찾아보았니? – 친구들과 찾은 정보를 비교해 보았을 때 비슷하거나 새로운 내용이 있니? – 찾은 내용들을 어떤 방법으로 정리하는 것이 좋을까?		
	4. 기록하기	• 항목에 따라 중요한 사실, 사건, 관점 등을 개념도나 도표 혹은 카드에 기록한다.		유 유아가 이해하기 쉬운 형태로 기록하도록 한다.

전개	5. 이야기로 구성하기	• 수집한 정보를 모아서 이야기로 구성한다. 　- 우리가 찾은 정보들을 어떻게 모으는 것이 좋을까? 　- 하나의 이야기로 꾸며 볼까? 　- 이야기로 만든 것을 역할극으로 꾸며 볼까? • 발표를 위한 충분한 시간을 제공한다.	유 유아들이 스스로 이야기 속의 사건이나 등장인물을 연결해 볼 수 있도록 돕는다.
	6. 발표하기	• 소품과 복장을 준비하여 발표한다. 　- 이태석 신부님을 어떤 방법으로 소개하고 싶니? 　- 직접 이태석 신부님이 되어 찾은 내용들을 발표해 볼까? • 직접 이태석 신부님이 되어 역할극을 꾸며서 소개할 수도 있다(신부님 역할을 정해 학생들에게 글자와 악기를 가르치는 역할극을 해 본다).	자 신부님 의상 유 유아의 연령이나 발달에 적절한 범위 및 시간을 고려한다.
마무리	7. 정리 및 평가	• 활동을 평가한다. 　- 활동을 통해서 이태석 신부님에 대해 알게 된 점이 있니?/어떤 것을 알게 되었니? 　- 활동을 하며 즐거웠거나 힘들었던 점은 무엇이니? 　- 우리가 다른 사람을 돕거나 가르쳐 줄 수 있는 건 무엇이 있을까? 　- 우리가 찾은 자료들을 어떻게 보관하면 좋을까?	

5) 참고

(1) 사회과 문학도서의 예

역사적 인물의 수업 적용을 위해 활용할 수 있는 사회과 문학도서의 예는 다음과 같다.

제목	톤즈에서 울려퍼지는 희망(2012) 글 · 장선혜, 그림 · 김주경/한국차일드아카데미
사회과 관련 요소	배려, 공감, 도덕성
생활주제	세계 여러 나라
줄거리	이태석 신부님은 아프리카 톤즈에서 구호활동을 했다. 톤즈에는 한센병에 걸린 사람들이 많았는데, 신부님은 힘든 줄도 모르고 기분 좋게 활짝 웃으며 환자들을 치료해 주었다. 신부님은 한센병에 걸린 사람들을 찾아다니며 도화지에 사람들의 발을 그렸고, 그 그림을 가지고 마을 사람들에게 꼭 맞는 신발을 만들어 선물했다. 또 신부님은 학교로 가서 아이들을 만나 악기를 하나씩 나누어 주고 연주하는 법을 가르쳐 주었다. 이태석 신부님은 톤즈에 더 많은 학교를 짓고, 많은 아이들에게 음악을 가르쳐 주고 싶었으며 고통받는 환자들을 고쳐 주고 싶어 한국에 들어왔다. 하지만 이태석 신부님은 한국에 와서 암에 걸린 사실을 알았고 결국 두 달 만에 하늘나라로 떠나고 말았다.
교수-학습 적용	• 이태석 신부님에 대한 유아들의 경험을 나눈다. • 이태석 신부님의 일생을 소개하고 이에 대한 생각을 나눈다. • 만약 유아들이 톤즈에 갔다면 그곳 사람들을 위해 어떤 일을 할 수 있을까에 대해 생각해 본다. • 자신의 생각과 느낌을 이태석 신부님께 편지 쓰는 활동을 한다.

제목	슈바이처: 노벨 평화상을 받은 아프리카의 성자(2014) 글 · 노원호, 그림 · 정금석/효리원
사회과 관련 요소	배려, 공감, 도덕성
생활주제	세계 여러 나라
줄거리	슈바이처는 독일의 평범한 목사의 아들로 태어났다. 슈바이처는 젊은 나이에 교수가 되어 안정적인 생활을 하게 되었다. 그런데 우연히 의사가 없어 병들어 죽어가는 아프리카 사람들의 이야기를 듣고 모든 것을 뒤로 하고 아프리카로 달려간다. 그리고 그곳에서 52년 동안 봉사를 했고, 사람들은 그의 공로를 인정해 노벨 평화상을 받았다.
교수-학습 적용	• 아플 때 맞는 주사에 대해 이야기 나누며 백신에 대해 알아본다. • 아프리카 사람들을 위해 백신을 개발한 슈바이처에 대한 동화를 들려준다. • 평생을 아프리카 사람들을 위해 봉사한 슈바이처에 대한 유아들의 생각과 느낌을 나눈다. • 자신의 생각과 느낌을 글과 그림으로 표현한다.

제목	세종대왕: 한글로 겨레의 눈을 밝히다(2013) 글·마술연필, 그림·이수아/보물창고
사회과 관련 요소	감정이입
생활주제	우리나라
줄거리	조선시대 태종 임금의 셋째 아들인 충녕은 어릴 때부터 고운 마음씨와 배움에 대한 열정으로 백성들의 칭송을 받았다. 조선의 네 번째 왕이 된 세종대왕은 가장 먼저 인재를 고루 등용하고 자신이 손수 백성들을 위한 연구에 힘썼다. 그 결과 조선은 문화, 예술, 농업, 과학, 기술이 날로 발전하게 되었다. 하지만 세종대왕은 글을 모르는 백성들이 힘들게 사는 것이 늘 마음에 걸렸다. 그래서 연구에 연구를 거듭해 드디어 우리 글자를 창제했다. '훈민정음'은 세종대왕이 우리에게 남긴 소중한 선물이다.
교수-학습 적용	• '가나다송'을 부르며 활동에 대한 흥미를 유발한다. • 한글을 만든 세종대왕에 대해 이야기 나누고 세종대왕이 한글을 만든 이유에 대해 알아본다. • 한글을 만들어 준 세종대왕에게 감사의 마음을 표현하기 위한 방법을 생각해 본다. • 각자의 방법으로 세종대왕에게 감사의 마음을 표현한다.

제목	모든 사람을 사랑한 성녀, 마더 테레사(2008) 글·김영자, 그림·황지영/흙마당
사회과 관련 요소	배려, 공감, 도덕성
생활주제	세계 여러 나라
줄거리	테레사 수녀님은 가난한 사람들 가운데서 가장 가난한 사람, 아픈 사람, 버림받은 사람, 아무도 원하지 않는 사람들을 찾아가 그리스도를 섬기듯 그들을 사랑하고 그들에게 봉사했다. 그리고 세계에서 가장 비참한 곳에 직접 가서 굶주린 사람에게 먹을 것을 나누어 주고 아픈 사람을 치료해 주고 절망한 사람에게 위로와 희망을 주었다. 테레사 수녀님은 평생 가난하고 소외된 사람들을 위해 살았으며 1979년 노벨 평화상을 수상했다.
교수-학습 적용	• 노벨 평화상을 보여 주며 유아들의 흥미를 유발한다. • 테레사 수녀님을 소개하고 수녀님의 일생을 유아들과 나눈다. • 테레사 수녀님처럼 가난하고 아프고 버림받은 사람들을 위해 우리가 할 수 있는 일에 대해 나눈다. • 우리가 할 수 있는 일을 글과 그림으로 표현한다. • 우리 반에서 우리를 많이 도와주고 배려한 친구에게 ○○평화상을 만들어 수여해 본다.

(2) 활동사진

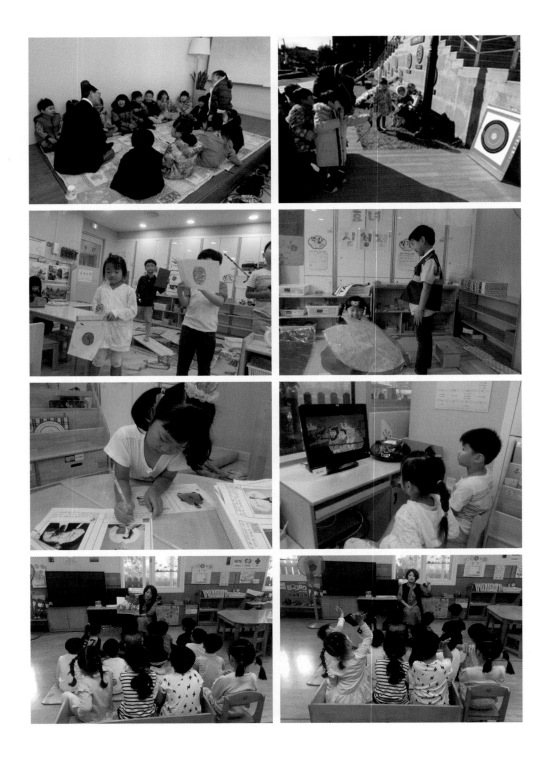

2) 형태와 유형

- 흥미영역은 하나의 공간을 구분함으로써 유아들의 흥미를 유도하고 개별화와 질
  적 상호작용이 가능하도록 한 공간이다.
- 흥미영역은 개수가 정해져 있는 것이 아니라 유아들의 연령, 교실의 크기와 형태,
  계절 등 환경과 상황에 따라 적절히 배치할 수 있다.
- 극놀이영역, 미술영역, 음률영역, 모래놀이영역, 물놀이영역, 수 · 조작영역, 쌓기
  놀이영역, 언어영역, 음률영역, 수학 · 과학영역, 간식영역 등 다양한 영역이 가능
  하다.

3) 유의점

- 실내흥미영역을 구성할 때는 다음의 원리를 참고할 수 있다.

건조한 곳

1영역 (조용하고 건조한 곳)	**2영역** (활동적이고 건조한곳)
3영역 (조용하고 물이 있는 곳)	**4영역** (활동적이고 물이 있는 곳)

조용한 곳　　　　　　　　　　　　　　　　　　　　　　활동적인 곳

물이 있는 곳

그림 5-1　Frost & Kissinger(1976)의 영역 구성의 원리

- 1영역: 도서영역, 언어영역, 수 · 조작영역
- 2영역: 대근육활동영역, 쌓기놀이영역, 목공놀이영역, 역할놀이영역, 음률영역
- 3영역: 미술영역, 과학영역
- 4영역: 물 · 모래놀이영역

- 생활주제, 유아의 연령, 프로그램, 교실의 환경적 특성을 고려하여 구성한다.

- 상호 호혜적으로 구성하되 독립성과 협력을 동시에 고려한다.
- 유아의 놀이 특성에 따라 영역을 통합 혹은 분리하여 사용할 수 있다.
- 흥미영역의 교재·교구는 한 가지 방법이 아닌 다양한 방법으로 놀이가 가능한 교재들을 배치한다.
- 유아들이 영역을 이동할 때 방해가 되지 않도록 동선을 고려해야 한다.
- 또래와의 상호작용이 긍정적으로 이루어지도록 유도한다.
- 흥미영역의 놀이를 스스로 선택하고 참여하고 평가할 수 있도록 유도한다.

4) 교수-학습 활용의 예

(1) 상호작용의 절차

흥미영역을 활용한 상호작용의 절차와 내용은 다음과 같다. 이러한 절차들은 상황(학급 크기, 연령, 주제, 환경 등)에 따라 유연하게 적용해 볼 수 있다.

절차	내용
흥미영역 계획하기	• 유아의 연령, 참여도, 교육시간, 교육환경, 날씨 등에 따라 융통성 있게 시간과 영역 계획하기 • 놀이 시작 전 각 주제에 따른 영역별 놀이 활동을 소개하기 • 흥미영역 선택방법 의논하기
흥미영역 선택하기	• 놀이하고 싶은 영역을 계획표에 기록하거나 이름표를 이용하여 표시하기
흥미영역 활동하기	• 각자 선택한 흥미영역에서 자유롭게 놀이 활동하기
각자의 활동 방법 소개하기	• 놀이계획 시간에 선택한 영역에서 한 놀이를 친구들에게 소개하기 예) 교사가 놀이 모습을 찍어 준 사진을 보며 설명, 자신이 만든 작품을 들고 나와서 설명하기 등
흥미영역 활동에서 느낀 점 공유하기	• 놀이하면서 재미있거나 속상한 점, 놀이 시 필요한 자료 등에 대해 나누기
흥미영역 보완하고 정리하기	• 흥미영역의 필요 영역끼리 합하거나 공간 재구성하기 • 놀이할 때 필요한 자료를 채우거나 놀이 규칙을 정하고 놀이한 자리 정리하기

(2) 교수-학습의 예

앞의 절차를 적용한 교수-학습의 예시는 다음과 같다. 다음은 교통기관 주제를 흥미영역에 적용해 본 활동이다.

생활주제	교통기관	집단형태	대집단	대상	5세
주제	교통기관의 종류	사회과 관련 주제		개인, 단체, 기관	
활동명	내가 타 본 교통기관				
목표	• 여러 가지 교통기관의 종류에 관심을 가진다. • 교통기관과 관련된 놀이에 즐겁게 참여한다. • 여러 흥미영역에 관심을 갖고 계획에 맞추어 놀이하고 평가한다.				

	절차	활동내용	자료 및 유의점
도입	흥미영역 계획하기	• 영역별 놀이 활동을 소개한다. 　- 수ㆍ조작영역에는 어떤 교구가 있을까? 　- 역할영역에는 교통기관과 관련된 여러 복장들이 준비되어 있단다. • 흥미영역 선택방법을 의논한다. 　- 어떤 영역에 들어가고 싶니? 　- 한 영역에 너무 많은 친구들이 들어오면 어떻게 해야 할까?	자 영역별 놀이교구
	흥미영역 선택하기	• 활동할 흥미영역을 계획해 본다. 　- 오늘은 어떤 영역에서 놀이하고 싶니? 　- 놀이하고 싶은 영역을 계획표에 기록해 볼까?	자 흥미영역 계획표, 필기도구
전개	흥미영역 활동하기	• 계획한 내용들을 생각하며 각자 선택한 흥미영역에서 활동한다.	유 유아들의 놀이를 관찰하며 놀이 시 필요한 자료를 제공하거나 위험한 상황을 중재한다.
	각자의 활동 방법 소개하기	• 활동한 흥미영역에 대해서 이야기 나눈다. 　- 오늘 어떤 놀이를 했니? 다른 친구들에게 내가 한 놀이를 소개해 볼까? 　- ○○이는 어떤 영역에서 놀이를 했니? 그 영역에서 가장 재미있었던 놀이는 무엇이었니?	자 교사가 찍어준 놀이 모습, 자신이 만든 작품 등
	흥미영역 활동에서 느낀 점 공유하기	• 흥미영역 활동을 평가한다. 　- 놀이하면서 재미있었던 점이나 속상했던 점이 있었니? 　- 놀이할 때 필요했던 자료가 있었니? 　- 놀이할 때 바뀌었으면 하는 부분이 있었니?	
마무리	흥미영역 보완하고 정리하기	• 놀이한 자리를 정리한다.	유 유아들이 자신의 놀이 자리를 스스로 치울 수 있도록 한다.

5) 참고

(1) 레지오 에밀리아 프로그램 교실 환경

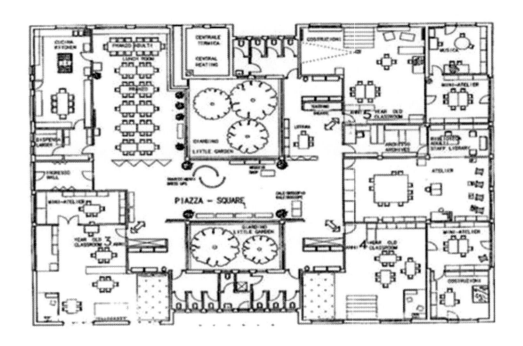

그림 5-2 　다이아나 유아 학교의 평면도

출처: 김은희(2007). 자연과 빛이 있는 생각하는 공간 만들기. 레지오 환경 원리의 적용. 서울: 창지사.

(2) 다양한 흥미영역

토의해 봅시다

- 흥미영역을 구성하는 이유는 무엇인가?

- 흥미영역은 공간의 크기나 특성에 따라 어떻게 구성할 수 있는가?

- 흥미영역의 변경과 변형(계절, 학급 크기, 실·내외 환경 등 융통성 있는 활용)에 대하여 토의해 보자.

Chapter **06**

사회적 기술 접근하기

1. 질문하기

1) 교육적 가치

> • 알고자 하는 바를 얻기 위해 물음.
>
> (표준국어대사전)
>
> • 교사가 유아에게 언어적인 반응을 일으키고자 의도한 언어적 표현.
>
> (Searle, 1975)

질문하기는 교사의 질문에 대한 학생의 답변과 학생의 질문에 대한 교사의 답변이라는 과정을 거치는 수업의 기법이다. 질문하기는 사실에 대한 기억이나 학습한 내용을 암기하는 질문뿐만 아니라 주제에 대한 비판, 분석, 평가하는 등 다면적 기능을 내포하며, 일반적으로 교수자가 학습자에게 하는 것은 발문, 학습자가 교수자에게 하는 것을 질문이라고 하는데 이를 통틀어 질문이라고 하기도 한다.

　　교사는 호기심을 자극하고 발전하도록 하거나, 평가하고, 참가를 격려하고, 토론을 용의하게 하기 위해 또는 학생들을 집중시키고, 인지나 사회적 기술을 획득하도록, 사고를 증진시키기 위해 다양한 목적으로 질문을 사용한다. 따라서 유아교육에서 질문의 적절한 사용 여부는 유아의 창의성, 사고력, 문제해결력뿐 아니라 높은 수준의 반응을 이끌어 내는 데 영향을 준다. 또한 질문하기는 개념을 확실하게 하고 활동을 유연하게 할 뿐 아니라 유아가 호기심을 가지고 적극적으로 활동에 참여할 수 있도록 동기화해 준다.

2) 내용 및 방법

지식, 이해, 적용, 분석, 종합, 평가(Bloom, 1956) 등의 질문수준을 고려한다.

　(질문의 예)
　－지식: 도서관은 언제 생겼을까? 도서관에는 책이 몇 권 있을까?
　－이해: 도서관은 어떤 곳인가?
　－적용: 도서관은 누구를, 무엇을 위한 곳인가?
　－분석: 도서관과 다른 도서관의 차이점은 무엇인가?
　－종합: 도서관 주인이라면 어떻게 꾸미고 싶은가?
　－평가: 도서관의 가장 좋은 점은 무엇인가?

Evaluation

Synthesis

Analysis

Application

Comprehension

Knowledge

- 유아가 학습과정에 흥미를 가지고 적극적이고 의욕을 가지고 스스로 참여할 수 있도록 유도적인 질문을 한다. 예를 들면, 인지기억, 수렴적 사고, 확산적 사고, 평가적 사고, 지표 질문 등이 있다.
- 유아들의 자주하는 질문 유형 분류하고 질문 유형을 다양하게 유도해 본다.
- 미리 예상되는 질문 목록들을 작성하는 연습을 해 볼 수 있다.
- 교사는 유아의 질문에 관심을 가지고 유아에게 질문을 할 수 있다. 그 경우 유아가 대답할 때까지 충분히 기다려 주고 유아의 대답에 대해 긍정적인 메시지를 제시하여 유아가 자신감을 가지고 대답할 수 있도록 한다.
- 교사는 유아에게 폐쇄적인 질문보다는 개방적이고 확산적인 형태로 질문을 하고, 또한 질문하는 내용이 유아가 이해하기 쉽고 명확해야 한다.
- 유아가 추상적인 개념을 구체적이고 실제적인 개념으로 발전시키도록 한다.
- 유아가 학습과정에 흥미와 의욕을 가지고 스스로 참여할 수 있도록 유도적 질문을 하는 것이 좋다.
- 교사는 유아에게 일정한 형태의 질문보다 사용하는 단어나 문장의 형태, 억양, 음 높이, 강약, 표정 등을 다양하게 활용해야 한다.
- 질문하기가 유아에게 부담을 느끼거나 부정적인 분위기를 느끼지 않도록 주의를 해야 한다(유아가 원하지 않는데도 강압적으로 계속 질문을 이어가거나 질문의 수를 무리하게 많이 제시하면 오히려 역효과가 날 수 있다).
- 교사는 유아와의 대화에서 유아가 하고자 하는 이야기의 내용을 정확하게 이해할 수 있어야 하며 교사가 바르게 이해했는지 중간에 확인하는 과정이 필요하다.
- 질문 목록을 수정하거나 발전시키기 위한 교사의 질문의 예는 다음과 같다.
  - 지식: 그것이 무엇일까?
  - 사고 자극: 다른 친구들 질문 중에서 "나도 저거 궁금했는데~"라고 생각한 질문 있었니?
  - 격려: 그런 생각도 했구나. 생각주머니가 아주 크구나. 다른 친구 질문 중에서 너도 하고 싶은 것이 있었니?
  - 토론 촉진: ○○조는 도서관에 대해서 궁금한 것이 어떤 것이었니?
  - 토론 확장: 우리 동네 도서관 말고 다른 도서관에 다녀온 친구 있니? 같은 점은 무엇이니? 다른 점은 무엇이니?

3) 수업절차

질문하기를 활용한 수업의 절차와 내용은 다음과 같다. 이러한 절차들은 상황(학급 크기, 연령, 주제, 환경 등)에 따라 유연하게 적용해 볼 수 있다.

절차	내용	
주제 관련 브레인스토밍하기	• 유아의 실제 경험과 관련된 주제 또는 문제에 대해 다양한 생각들을 단어로 모아 본다.	
개념망 구성하기	• 브레인스토밍을 통해 얻어진 단어를 유사한 단어끼리 그룹 짓기 및 그룹 재조정 후 주제 또는 문제를 중심으로 유목화된 그룹들의 제목 (소주제)을 적고 그에 속해 있는 단어들을 가지 형태로 나열하여 개념 망을 구성한다.	
질문 목록 만들기	• 교사는 특정 주제에 대해 사고와 개념을 형성하기 위해 주제와 관련 된 질문 목록을 작성한다(지식, 이해, 적용, 분석, 통합, 평가 등 참 고).	
질문에 대한 아이디어를 생성하고 연결하기	• 유아들은 질문에 대해 각자 구상한 생각을 포스트잇이나 종이에 그림 이나 글로 적은 후 주제나 쟁점에 선으로 연결하여 망(web)을 형성 한다.	
질문에 대하여 답하기	• 각각의 아이디어에 따른 답을 한다.	
자료를 찾아보고 보완하기	• 해결되지 않은 질문에 따른 답과 관련된 자료를 문헌이나 인터넷, 현 장체험 등 다양한 방법으로 찾아보고 답을 보완한다.	
공유하고 평가하기	• 유아 간 지식과 이와 관련된 문제의 원인을 서로 공유한다. • 더 다양한 질문이 가능한지 관찰하여 평가한다.	

4) 교수-학습의 적용

앞의 절차를 적용한 교수-학습의 예시는 다음과 같다. '도서관에 간 박쥐'라는 동화 책을 읽고 도서관과 관련된 질문 목록을 만들어 도서관에서 하는 일을 알아보기 위한 활동이다.

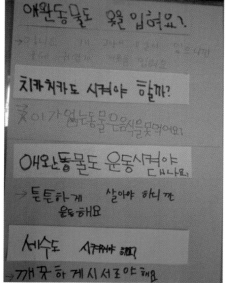
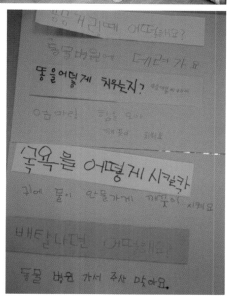

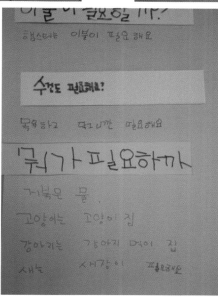

교수-학습 확장하기

- 상황을 설정하고 가능한 질문을 목록화해 보기

- 다양한 질문기법 연습해 보기

- 질문을 사용하여 주제가 다양하게 확장되는 사례를 비교해 보기

2. 그래프 그리기

1) 교육적 가치

- 여러 가지 자료를 분석하여 그 변화를 한눈에 알아볼 수 있도록 나타내는 직선이나 곡선.

- 「수학」 주어진 함수가 나타내는 직선이나 곡선. '그림표', '도표'로 순화.

(표준국어대사전)

그래프란 시각적인 방법으로 정보를 조직하는 것을 표로 나타낸 것으로 순서도, 그래프, 표, 벤다이어그램, 개념망 등으로 조직하여 해석하는 방법이다. 자료를 그래프로 나타내면 수량의 크기를 비교하거나 수량이 변화하는 것을 한눈에 알아보기 용이하다.

유아들은 생각이나 직접 모은 자료를 정리하고자 할 때 그래프를 사용할 수 있다. 그래프 활동은 무엇을 어떤 기준으로 나누고 묶고 해야 하는지 경험함으로써 범주와 분류에 대한 이해를 도우며, 이는 매일 유아들이 접하는 역사적, 사회적, 경제적 정보들을 적절한 기준에 따라 분류하며 조직함으로써 자료를 정리하는 방법을 학습하도록 돕는 데 효과적이다.

2) 내용 및 방법

- 처음 그래프 조직을 소개할 경우는 쉬운 활동을 해 보는 것으로 시작한다.
- 다양한 그래프 조직방법과 활용방법을 이해하도록 지도한다.
- 그래프 활용이 어려운 경우, 부분을 완성하기, 빈 곳 채우기, 샘플에서 오려 붙이기 등의 방법을 활용할 수 있다.
- 그래프 활동을 한 후에는 유아가 직접 유사한 과제를 제시하여 가정에서 부모님께 방법을 안내하여 부모님과 함께 그래프를 만들어 보는 활동으로 확장해 볼 수

있다. 그것을 유치원으로 가져와 친구들에게 소개해 보는 것도 그래프 활용방법
을 인식하는 기회가 된다.

• 활동 목표에 적합한 그래프를 적절하게 선택하여 시각적으로 특징지어 설명해 보
도록 한다.

• 두 가지를 서로 비교하는 경우에는 벤다이어그램, 구성원의 구조를 살펴보고자
할 때는 플로우차트, 인과관계를 나타내려는 경우는 fish-bone 등이 적합할 것
이다.

예 1) '같은 점, 다른 점을 비교'하는 활동을 할 때는 벤다이어그램이 적합할 것이다.

① 시장과 마트 비교하기

 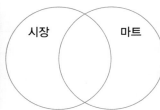 

② 미국 국기와 중국 국기 비교하기

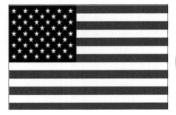 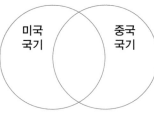 

예 2) 구성원의 구조를 살펴보고자 할 때는 플로우차트가 적합할 것이다.

① 유아교육기관 구성원 조직도

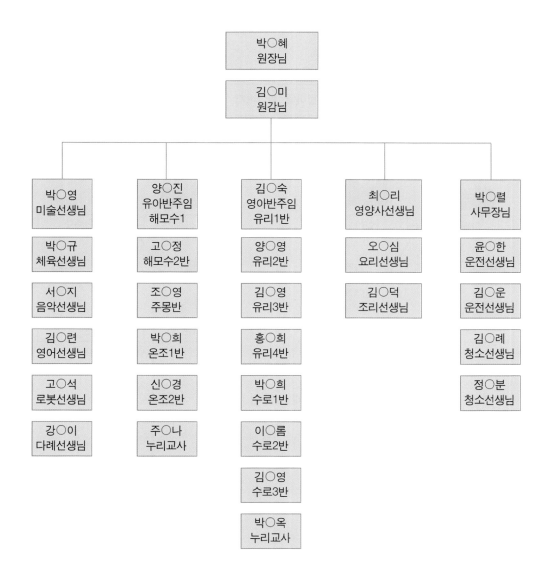

② 가계도

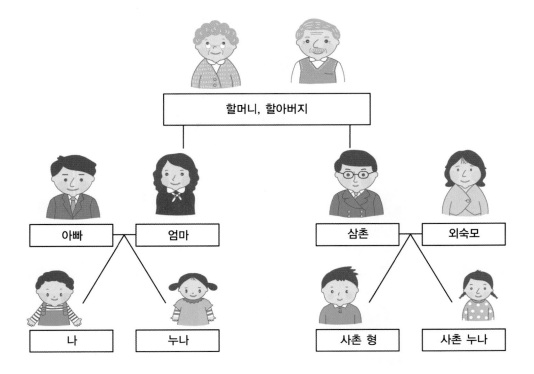

예 3) 의견을 수로 표시하고자 할 때는 막대그래프가 적합할 것이다.

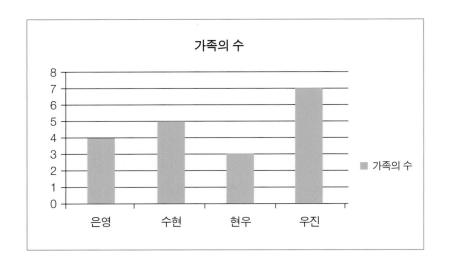

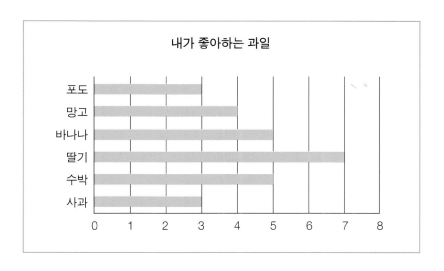

3) 수업절차

그래프 그리기를 활용한 수업의 절차와 내용은 다음과 같다. 이러한 절차들은 상황 (학급 크기, 연령, 주제, 환경 등)에 따라 유연하게 적용해 볼 수 있다.

절차	내용
관련 자료 수집하기	• 개념의 이해, 지식의 확장, 문제 상황을 중심으로 자료를 수집한다.
자료 분류하기	• 관련 주제 또는 문제에 대해 유아들이 모은 자료를 특정 기준으로 분류해 본다.
그래프 유형 선택하기	• 교사는 주제 및 활동 유형에 알맞은 적절한 그래프를 선정 후 형태를 도안하되 유아의 수준에 맞는 그래프 유형을 고려한다.
그래프 그리기	• 유아가 그래프를 그리기에 앞서 교사가 기본 표본 작업을 안내해 준다. 예) 부분적으로 완성되거나 빈칸이 있는 그래프의 틀을 제공하여 유아들이 채워 넣을 수 있다.
그래프 해석하고 공유하기	• 유아가 작성한 그래프의 비교를 통해 새로운 정보를 얻고, 잘못된 정보를 수정한다.
평가하기	• 그래프 조직에 대해서 평가하는 것이 아니라 특정 주제에 대해 관련 자료를 얼마나 분석하고 해석하며 이해했는지에 초점을 둔다. • 어떤 그래프로 조직하는 것이 더 적절한지 생각해 보고 지금과 다른 방법에 대해서 논의한다.

4) 교수-학습의 적용

앞의 절차를 적용한 교수-학습의 예시는 다음과 같다. 가족구성원의 수를 알아보기 위해 막대그래프로 나타낸 후 완성된 도표를 보며 가족의 수를 비교하여 우리 집뿐만 아니라 친구들의 다양한 가족 구조를 알아보는 활동이다.

생활주제		나와 가족	집단형태	대·소집단	대상	4세
주제		가족의 생활과 문화	사회과 관련 주제	개인, 단체, 기관		
소주제		다양한 가족에 관심 가지기				
목표		• 다양한 가족 구조가 있음을 이해한다. • 우리 가족구성원을 그래프로 나타낸다. • 그래프의 편리함을 느낀다.				

절차		활동내용	자료 및 유의점
도입	관련 자료 수집하기	• 가족 사진을 보며 친구들에게 가족구성원을 소개한다. - 우리 가족구성원과 가족 수를 소개해 볼까?	자 유아 가족 사진
전개	자료 분류하기	• 같은 가족 수를 가진 친구를 찾아본다. • 적은 구성원부터 많은 구성원 순으로 나열해 본다.	

	그래프 그리기	• 가족구성원 수를 알아보기 위해 막대그래프로 나타내어 본다.
		  - [그래프 활동을 처음 접할 때 유용한 1단계 형태] 가족의 수를 어떻게 표시해 볼까?(가족 수에 해당되는 네모 칸 안에 자기 이름표 붙이기, 동그라미 그리기, 스티커 붙이기 등)
		
		표 그림
		
		  - [그래프 활동을 처음 접할 때 유용한 2단계 형태] 가족의 수를 어떻게 표시해 볼까?(가족의 수만큼 네모 칸을 색칠하기, 네모칸 안에 동그라미 그리기, 네모 칸 안에 스티커 붙이기 등)
			자 그래프판 (한 칸씩 구분되는 그래프판)
			
			유 처음 그래프활동을 할 때는 가로축과 세로축을 교사가 제시하여 그래프 안을 채우기만 하도록 하고, 익숙해진 다음에는 가로축과 세로축을 직접 정해 보도록 한다.

그래프 칸:

3				
2				
1				
수 / 가족 수	2명	3명	4명	…

4명					
3명					
2명					
가족 수 　　　 이름	○ ○ ○	▲ ▲ ▲	☆ ☆ ☆	···	

| 마무리 | 그래프 해석하고 공유하기 | • 완성된 그래프를 보며 가족 수를 비교해 본다.
 - 가장 많은 가족 수는 몇 명이니?
 - ○ ○ ○는 ☆ ☆ ☆보다 가족의 수가 몇 명 더 많니?
　(몇 명 더 적니, 몇 명 더 많니)
 - 또 무엇을 알 수 있을까?
• 그래프를 보며 친구들의 다양한 가족구조를 알아본다.
 - 가족 수가 같으면 가족구성원들도 같을까? 같은 가족 수인 친구들이 가족구성원들이 누구누구인지 이야기해 볼까? | 유 그래프를 관찰하며 스스로 비교, 분석하는 데 초점을 둔다. |
| | 평가하기 | • 그래프의 장점과 알게 된 점을 이야기 나눈다.
 - 친구들 가족 수를 그래프로 나타내 보니 어땠니?
 - 무엇을 알 수 있었니? 어떤 점이 좋은 점 같니?
 - 그래프로 또 나타내고 싶은 것이 있니? | |

5) 평가

그래프 그리기 활동 후 다음의 관점을 고려하여 유아를 평가할 수 있다.

- 주제에 적합한 그래프를 선택하였는가?
- 그래프를 통해 자료를 비교, 분류하고 관계들을 이해하는가?
- 다양한 방법으로 정보를 조직하여 그래프로 표현할 수 있는가?
- 그래프를 보고 정보를 해석할 수 있는가?
- 다양한 그래프에 친숙함을 느끼는가?

6) 참고

(1) 생활주제와 적용
생활주제와 관련하여 적용 가능한 활동은 다음과 같다.

생활주제	적용활동
유치원과 친구	• 유치원에는 누가 일하나요? – 유치원 구성원의 조직표를 순서도로 나타내어 본다. – 우리 학급 역할 담당 조직표를 순서도로 나타내어 본다. • 유치원의 역사 알아보기 – 유치원의 역사를 시각적으로 볼 수 있도록 플로우차트(flow cart)를 만들어 본다. • 유치원과 우리 집의 다른 점을 찾아요 – 유치원과 집의 차이점 벤다이어그램으로 나타내어 본다.
나와 가족	• 우리 가족 소개하기 – 가족 그래프를 만들어 가족을 소개한다.
세계 여러 나라	• 자장가가 달라요 – 우리나라의 자장가와 다른 나라의 자장가를 조사하여 비교해 보고, 특징을 찾아서 같은 점과 다른 점을 벤다이어그램으로 나타내어 본다.
교통기관	• 경찰차와 구급차의 같은 점과 다른 점 찾기 – 경찰차와 구급차의 특징을 찾아 같은 점과 다른 점을 구분해 본다.

(2) 기타 자료
유아의 그래프 그리기 활동에 적절한 그래프들은 다음과 같다.

① 주제망(Concept Map or Concept Web)

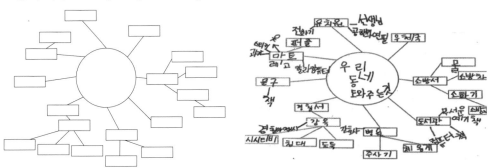

② 흐름표(Flow Chart)

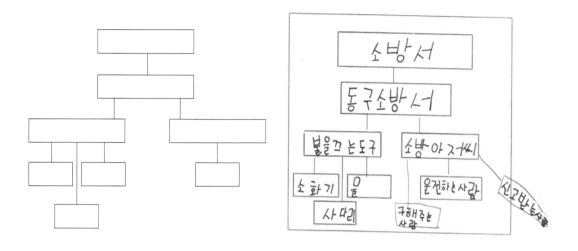

③ 물고기 뼈 구성(Fishbone Organizer)

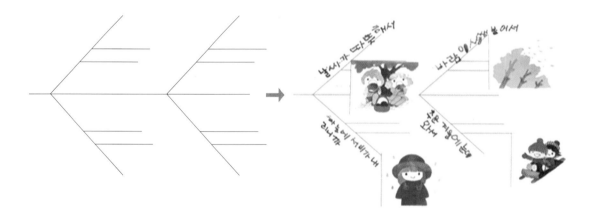

④ 벤다이어그램(Venn Diagram)

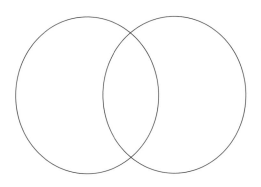 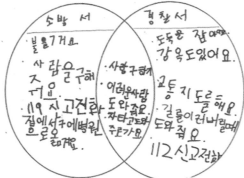

⑤ 활동사진

교수-학습 확장하기

- 다양한 형태와 유형의 그래프 경험하기

- 여러 가지 정보를 간략화 · 조직화 · 시각화해 보기

- 주제에 적절한 그래프 선정 후 이유를 생각해 보기

3. 지도 그리기

1) 교육적 가치

- 지도란 지구 표면의 상태를 일정한 비율로 줄여, 이를 약속된 기호로 평면에 나타낸 그림.

  (표준국어대사전)

- 약속한 기호를 사용하여 지구 표면의 일부나 전부를 일정한 비율로 줄여 평면에 나타낸 것.

  (초등사회 개념사전)

- 지도란 지구 표면에 존재하는 지연 및 인문적 사실을 선별하고 줄여서 기호로 나타낸 그림으로 지나치게 자세한 것을 간추리고 생략하여 간단화한 것, 거리나 크기, 사실, 현상 등을 기호화한 것, 왜곡이 불가피한 것.

  (임덕순, 2000)

지도 그리기 활동은 위치, 장소나 지역 내에서의 관계와 이동, 지역 특성, 교통, 이동 방법을 다루는 과정에서 지역문화의 정체성에 관심을 가질 수 있다. 그러므로 지도 그리기 활동은 지역사회 공동체 개념과 동반될 때 가장 효과적이며, 지도의 구성요소, 축척, 방사선도 등의 지도 사용 능력과 지도에 들어 있는 정보나 데이터를 이용하는 방법을 교수하고 보강하는 데 효과적이다.

지도 그리기 활동 과정에서 유아들은 지리적 정보를 해석하고 정리하는 지리 기능이 익숙하게 됨에 따라 유치원 구성도나 놀이터, 시장 가는 길 등 지역사회의 그림지도를 분석하고 표상하는 활동을 해 볼 수 있다. 유아는 주변의 공간과 지형을 표상하는 기회를 통해 자신의 위치와 바라보는 방법, 자신이 사는 지역과 주변 지역에 대한 지리적 기초 개념을 이해하게 된다.

2) 내용 및 방법

- 부모나 손위 형제들과 함께 유아가 거리 표지판, 신호등, 도로 표시를 찾아보고 관심을 갖도록 한다.
- 우리 동네 돌아보기 전 안전교육은 필수적으로 이루어져야 한다.
- 지도활동은 구체적인 것에서 추상적인 것으로 이루어져야 한다.
- 지도 만들기는 좁은 공간에서부터 넓은 공간으로 확장되어야 한다.
- 유아의 다양한 관점과 각도를 인정하여 능동적으로 주변을 탐색할 수 있는 기회를 제공한다.
- 유아의 기억을 되살리기 위해서 우리 동네 돌아보기를 할 때 촬영한 사진이나 동영상을 활용하는 것이 효과적이다.
- 지도를 사용하여 우리 동네를 찾아보고 우리 동네의 모습에 대해서 이야기 나눈다.
- 유아는 적당한 크기의 상자를 사용하여 유치원 모형 및 각자의 집을 만들어 해당되는 도로에 붙인다. 이때 유아들의 수준에 따라 건물의 크기를 비교하여 상자의 크기를 정할 수 있다.
- 표지판에 대해서 알아보고 표시한다.
- 지역사회에 관심을 가지고 지도에 나타낼 수 있는 방법으로 역할놀이를 활용할 수 있다. 지도에 나타난 기관들에 대하여 단순히 역할을 모방하고 가장놀이를 하는 데 그치는 것이 아니라 경제, 사회, 문화적 개념을 발달시킬 수 있는 효과적 방법으로 역할놀이를 활용할 수 있다.
- 지도 관련 지리 개념 및 표상의 내용은 다음과 같다. 유아의 연령에 따라 적절한 수준을 고려해서 적용하는 것이 바람직하다.

구분	내용	질문 예시
방향과 위치	위-아래	• 위로 가 보자. 옆에 길이 있지? 다시 위로 가 보자. • 아래로 가 보자. 옆에 길이 있지? 다시 아래로 가 보자.
	나의 왼쪽-오른쪽	• 너의 손가락 오른쪽에 있는 것이 무엇이니? • 다시 앞으로 가 보자. 왼쪽으로 가려면 어디로 가야 할까?
	다른 사람의 왼쪽-오른쪽	• 선생님의 손가락 오른쪽에 있는 것은 무엇이니? • 선생님 손가락이 왼쪽으로 가려면 어디로 가야 할까?
지도	형상적 기호 (장소, 자연물)	• (학교를 지시하며) 이것은 무엇일까? • 병원이 어디 있는지 가리켜 보자. • (공원을 지시하며) 이것은 무엇일까?
	반형상적 기호 (글자와 함께 지표물 표시)	• 공장이 어디 있는지 가리켜 보자. • (우체국을 지시하며) 이것은 무엇일까? • 연못이 어디 있는지 가리켜 보자.
	추상적 기호 (주변 관계, 계단, 길)	• (아파트를 지시하며) 이것은 무엇일까? • 병원이 어디 있는지 가리켜 보자. • (파출소를 지시하며) 이것은 무엇일까?
표상	조망 (회화, 수평, 수직, 공중적 관점)	• 우리 동네를 그림으로 그려 볼까? • 옆으로 긴 선과 아래로 긴 선은 어디에 그릴까?
	도로 (길의 연결 관계)	• 어디에서 출발했니? 출발지를 표현해 볼까? • 병원은 우리 유치원과 가까운 거리구나. 그럼 멀리 있는 공원까지의 길은 어떻게 표현할까?
	주변 환경 (관계 중심)	• 유치원 주변에 어떤 것들이 있니?. • 우리 집 주변에는 어떤 것들이 있니?
	상징 (기호)	• 우리 집을 기호로 표시해 보자. • 우리 유치원이라고 적어 볼까?

• 지도 그리기 유형

유치원 실내 환경 그리기

① 쌓기영역 공간 설계도 그리기
- 정글짐 등 설계도 그리기
- 설계도 보면서 구성하기

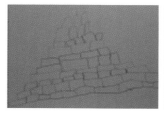

출처: 홍혜경, 안유경(2017). 유아의 쌓기 활동에 나타난 공학적 사고와 공학설계 과정. 유아교육연구, 37(2), 5-31.

② 교실 지도 그리기
- 교실 살펴보기
- 1차 교실 지도 그리기
- 책상, 의자, 창문, 출입구를 무슨 기호로 나타낼 것인지 이야기 나누기
- 기호를 사용하여 2차 교실 지도 그리기

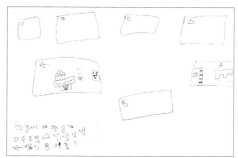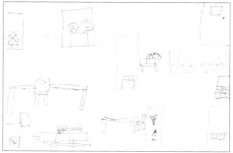

③ 급식실, 강당 가는 길 그리기
- 유치원 안내도 살펴보기
- 안내도를 보며 층별로 무엇이 있는지 알아보기
- 급식실(또는 강당) 가는 길 그리기

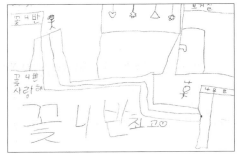 

유치원 실외 환경 그리기

① 놀이터 지도 그리기
- 놀이기구 탐색하기
- 놀이기구 간 위치, 방향 알아보기
- 놀이터 지도 그리기

출처: Project Zero (2016). Children Are Citizens. Harvard University Graduate School of Education. www.pz.harvard.edu/projects/children-are-citizens.

② 꽃밭 지도 그리기

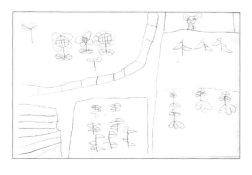

현장학습 장소 그리기

① 우리 동네 그리기
  - 동네 지도 살펴보기
  - 동네 돌아보기
  - 생활공간, 자연 공간 등 알아보기
  - 건물 간 위치나 방향, 간판 알아보기
  - 길, 상징 기호(우체국, 병원 마크 등) 알아본 후 그리기

② 지하철 노선도 그리기
- 지하철 노선도 살펴보기
- 노선도를 보고 지하철 이용하기
- 노선 색, 환승역 등을 고려하여 지하철 노선도 그리기

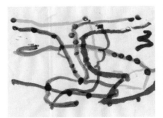

출처: Project Zero (2016). Children Are Citizens. Harvard University Graduate School of Education. www.pz.harvard.edu/projects/children-are-citizens.

③ 박물관(지역기관) 지도 그리기
- 박물관 안내도 보며 관람 및 체험하기
- 박물관 안내도 그리기
- 전시물, 전시실 등의 관계를 고려하여 재구성해 보기

출처: Project Zero (2016). Children Are Citizens. Harvard University Graduate School of Education. www.pz.harvard.edu/projects/children-are-citizens.

그 외 등산로, 유치원 가는 길, 공원, 시장 등도 그려 볼 수 있으며 모델하우스 조감도를 활용하여 집과 방들을 배치해 보는 활동과도 연결해 볼 수 있다.

그림책 활용하기 그리기(로지의 산책)

① 지리 그림책을 활용하여 지도 그리기

② 동극 활동 후 지도 그리기

3) 수업절차

지도 그리기를 활용한 수업의 절차와 내용은 다음과 같다. 이러한 절차들은 상황(학급 크기, 연령, 주제, 환경 등)에 따라 유연하게 적용해 볼 수 있다.

절차	내용
지도에 나타낼 주변 돌아보기	• 유아의 실제 경험과 관련된 장소를 기준으로 주변의 물리적 환경과 방향 및 위치를 탐색한다. 예) 유치원에서 유아의 집으로 가는 길
주변의 주요 장소 알아보기	• 지역사회의 장소 및 명소 등 유아가 살고 있는 주요 공간의 쓰임새를 알아본다. 예) 학교, 병원, 산, 길
지도 그리기 자료 및 방법 탐색하기	• 다른 종류의 종잇조각, 색깔은 지도 구성 및 지도가 표상하고자 하는 것을 이해하는 데 유용하다. 또한 지도 읽기를 위해 방향, 조망, 기호, 축척의 개념을 통해 지도를 기초적으로 이해하고 주변 지역을 지도로 표상해 보는 활동을 경험해 본다.
중심 장소 표시하기	• 정확한 방향을 위해 지도가 될 종이에 위, 아래, 왼쪽, 오른쪽의 방향을 정한 후 가운데에는 중심이 되는 장소를 기입한다.
큰 길, 큰 건물 (장소) 표시하기	• 눈에 잘 띄는 큰 길과 건물을 표시한다. 예) 상점, 주택, 빌딩
주요 장소 보충하기	• 작은 규모의 건물, 다리 등 필요한 부분을 보충한다.
지도 읽고 발표하기	• 지도의 중심을 기점으로 표시했던 방향(위, 아래, 왼쪽, 오른쪽)에 맞추어 위치와 표상했던 상징과 유아 주변을 둘러싼 공공기관들을 구분해 본다. • 함께 모여 적절한 방법으로 발표하고 확인한다.
평가하기	• 표상을 통한 공간적 관계와 축척, 조망, 상징 등의 지리적 개념에 대하여 친숙해졌는지 평가한다.

4) 교수–학습의 적용

앞의 절차를 적용한 교수–학습의 예시는 다음과 같다. 유치원 주변을 둘러본 후 지도의 중심이 되는 자리를 표시하고 유치원 주변의 큰 길, 명소 등 주요 장소 표시 및 주요 장소를 보충하고 지도 읽기에 필요한 방향, 조망, 기호, 축척을 알아보는 활동이다.

생활주제	우리 동네	집단형태	대 · 소집단	대상	5세
주제	우리 동네 둘러보기	사회과 관련 주제	개인, 단체, 기관		
소주제	우리 동네 지도 만들기				
목표	• 방향, 조망, 기호, 축척에 대한 기본적인 개념을 이해한다. • 내가 살고 있는 동네에 관심을 갖고 관찰한다. • 지도 그리기 활동에 즐겁게 참여한다.				

절차		활동내용	자료 및 유의점
도입	주변의 주요 장소 알아보기	• 유치원 주변을 돌아본 것을 떠올리며 '로드뷰'로 주변의 주요 장소를 찾아본다. – 이곳은 어디일까? 이곳 옆에는 무엇이 있었는지 기억나니? 이곳 앞에는 뭐가 있었지? – 눈에 띄는 장소가 있니?	자 '로드뷰', 구글 어스
전개	지도 그리기 자료 및 방법 탐색하기	• '유치원 주변'의 지도를 관찰하며 지도를 읽는 방법을 알아본다(방향, 조망, 기호, 축척). – 지도 속에 무엇이 보이니? – 많은 건물들과, 거리들이 한눈에 보이는 이유는 무엇일까? – 높이가 다른 것을 구분하기 위한 방법이 있을까? – 병원, 은행 등의 건물을 어떤 기호로 표현했니? – 실제 건물의 크기나 거리를 다 그릴 수 없기 때문에 종이 크기에 맞도록 작게 줄이는 것을 축척이라고 한단다(혹은 종이 크기에 맞춰 작게 줄여서 그려 보자). • 지도 그리기에 필요한 자료를 확인한다.	자 '유치원 주변'의 지도 유 지도 그리기를 위해 다양한 색깔의 종잇조각, 색연필 등의 자료를 제공한다.
	중심 장소 표시하기	• 큰 종이에 위, 아래, 왼쪽, 오른쪽의 방향을 알아보고 중심이 되는 유치원을 가운데 설정한다. – 위, 아래, 왼쪽, 오른쪽의 방향을 정해 보자. – 중심에는 어느 장소를 정해서 그려 볼까?	
	큰 길, 큰 건물 (장소) 표시하기	• 유치원 주변의 큰 길, 큰 건물 및 명소 등 주요 장소를 표시한다. – 유치원 주변에 우리가 잘 알고 있는 큰 건물은 무엇이 있니? 그 큰 건물들은 유치원의 어느 쪽에 있을까? – 유치원 주변의 큰 건물을 어떻게 지도에 표시할까? 그림이나 기호로 표시할 수 있을까? 어떤 기호로 표시하면 좋을까? – 그 큰 건물들 주변에 있었던 다른 건물이나 장소들도 생각해 봐서 지도에 표시해 보자.	유 처음 지도표현 활동을 할 때는 방향과 위치 등을 정하는 데 시간이 많이 걸리고 어려울 수 있으므로, 큰 건물이나 명소의 사진을 준비하여 의논한 장소에 붙여 볼 수 있다.

	주요 장소 보충하기	• 유치원 주변의 길, 신호등, 표지판 등 부족한 부분을 표시한다.	
	지도 읽고 발표하기	• 지도가 완성되면 게시하고, 발표한다. - 자기 모둠에서 완성한 지도를 소개해 보고, 이 지도에 대한 다른 친구들의 생각도 들어보자. 궁금한 것이나 다른 생각이 있는 친구가 있니? • 모둠별로 완성된 지도를 한 곳에 게시하고, 서로 다른 점과 같은 점을 찾아서 이야기 나눈다.	

마
무
리
	평가하기	• 지도 그리기를 한 느낌을 이야기한다.
		• 완성된 지도의 좋은 점과 새롭게 알게 된 점에 대해 이야기 나눈다.
		  - 유치원 중심으로 위(아래, 왼쪽, 오른쪽)에 무엇이 있니?
		  - 방향에 맞게 잘 표시되었니?
		  - 적절한 기호로 표시가 되었니?
		  - 지도로 우리 유치원 주변을 나타내 보니 좋은 점은 무엇이니? 어려운 점은 무엇이니?
		  - 지도 안에 표시하고 싶은 다른 것이 있니?
		  - 지도로 나타내 보고 싶은 장소가 있니?	

앞의 절차뿐만 아니라, 다음과 같은 방법으로도 적용해 볼 수 있다. 우리 교실에 숨어 있는 보물찾기 활동으로 교실과 관련 된 보물 지도를 만들어 교실 공간을 탐색해 보는 활동이다.

■ 생활주제: 유치원과 친구

생활주제	유치원과 친구	집단형태	대·소집단	대상	5세
소주제	우리 교실에 숨어 있는 보물 찾기	지리 개념	방향과 위치, 형상적 기호		
목표	• 교실 지도를 사용할 때 필요한 기준점의 역할을 안다. • 교실에 숨어 있는 보물의 위치를 지도에 표시할 수 있다. • 교실의 공간적 특성에 관심을 갖는다.				
활동자료	교실지도, 주머니				

제목	초롱이와 함께 지도 만들기
사회과 관련 요소	지리
생활주제	세계 여러 나라/우리 동네
줄거리	미나는 선생님께 지도 그리는 법을 배운 후 자기 방 각 물건의 크기를 줄자로 재고, 실제 길이를 줄여서 지도를 완성한다. 지도 그리기에 재미를 느낀 미나는 강아지 초롱이가 숨겨 놓은 뼈다귀, 양말, 장난감을 기록한 보물지도와 초롱이와 함께 여행할 세계 여러 나라의 지도를 완성해 가며 지도를 읽는 데 필요한 개념을 알 수 있는 책이다.
교수-학습 적용	• 우리 반 보물지도 만들기에 필요한 재료를 알아본다. • 지도에 표시할 여러 기호들을 정한 후 모둠별로 지도를 완성한다. • 완성된 지도를 서로 교환하여 보물을 찾아본다. • 미술영역 시간에 놀이터에 숨겨 둔 보물의 지도를 만들어 본다.

제목	처음 만나는 세계 지도 그림책
사회과 관련 요소	지리/문화
생활주제	세계 여러 나라/우리나라
줄거리	'우리가 살고 있는 지구는 어떤 곳일까?'라는 호기심을 가지고 세계를 크게 유럽, 아시아, 북아메리카, 아프리카, 남아메리카, 오세아니아로 나누어 대륙의 모양, 특징 등 여러 나라의 모습이 소개되어 있다. 뿐만 아니라 다양한 동물의 서식지, 산과 강 바다 비교, 여러 나라의 시간, 다양한 인사말 등 문화의 특징이 담겨 있는 책이다.
교수-학습 적용	• 세계 여러 나라의 다양한 인사법을 알아본다. • 옆에 있는 친구와 함께 여러 나라 인사법으로 인사해 본다. • 우리 반의 인사법을 만들어 친구들에게 소개한다. • 커다란 세계지도를 함께 꾸미고 나라 위에 그 나라 인사법을 붙여 본다.

제목	지도는 언제나 말을 해
사회과 관련 요소	지리, 역사
생활주제	세계 여러 나라/우리 동네
줄거리	선과 점으로 그려 온 지도가 가지고 있는 이야기를 들려주는 책으로 지도의 소중함도 일깨워 주고 있다. 고대부터 현대까지의 여러 지도와 그 속에 담긴 의미를 알 수 있고 과학, 예술, 정치, 사회, 인쇄술 등이 총합된 지도를 통해 세계 역사와 문화의 핵심을 다룬다. 또한 우리 생활과 밀접하게 관련되어 있는 지하철 노선도를 통해 도시를 구분하기 쉽게 표시해 주며 사람들은 간단한 지하철 노선도 덕분에 쉽게 목적지를 찾아갈 수 있게 되었다. 박물과 안내지도, 내비게이션, 나의 정보가 모두 담긴 유전자 지도, 움직이는 밤 하는 별자리 지도 등은 더 이상 지도가 우리가 사는 곳을 표시한 그림만이 아님을 알려 준다.
교수-학습 적용	• 동물원으로 견학 전 안내지도를 탐색해 본다. • 가고 싶은 장소를 표시해 본 후 가장 빨리 도착할 수 있는 방법을 알아본다. • 견학 시 안내지도를 보며 표시한 장소로 가 본다. • 안내지도를 사용 후 느낀 점을 이야기해 본다.

제목	우리나라 지도 그림책
사회과 관련 요소	문화, 지리
생활주제	우리나라/우리 동네
줄거리	우리나라를 이루고 있는 9개의 도, 1개의 특별시, 6개의 광역시와 북한에 관한 지리 정보 담은 책으로 우리나라 문화유산, 지역 축제, 특산물 등 각 지방의 특징을 소개했으며 우리나라 곳곳의 가 볼 만한 문화유적지와 지역 축제, 특산물도 살펴볼 수 있다.
교수-학습 적용	• 각 지역의 여러 축제를 알아본다. • 우리 반이 좋아하는 축제를 선택한다. • 자유선택시간 미술영역에서 축제에 필요한 재료를 만든 후 역할영역에서 즐겁게 놀이한다. • 우리나라 전도(대형)에 지역별 축제 및 특산물을 표시하며 꾸며 본다.

⑤ 활동사진

교수-학습 확장하기

• 대상을 지도로 표상 또는 조직화해 보기

• 다양한 종류의 지도와 기호를 해석해 보기

• 가상의 장소, 상징물 기호로 만들어 보기(공식화된 이외의 기호)
　예 유아가 있는 곳, 할아버지가 계신 곳, 아이스크림 가게, 솜사탕 집

4. 역할놀이하기

1) 교육적 가치

- 역할이란 자기가 마땅히 하여야 할 맡은 바 직책이나 임무. '구실', '소임', '할 일'로 순화.

(표준국어대사전)

- 역할놀이란 다양한 사건이나 사물에 대해 유아가 보고 듣고 경험하거나 희망과 욕구를 담아 생각하고 상상하는 것을 행동으로 표현하는 놀이.

(교육과학기술부, 2012)

- 역할놀이란 가상적인 역할을 수행함으로써 태도나 행동을 변화시키려는 놀이 활동.

(특수교육학 용어사전)

　　역할놀이는 가작화된 상황에서 다양한 상황을 재연하고 가정된 역할을 수행해 보면서 유아가 자신의 생각과 경험을 표현해 보고 다른 사람에 대한 생각과 느낌을 경험해 보는 놀이다. 사회적 문제해결 과정의 하나로 유아들에게 가상의 문제 상황을 주고, 주어진 상황 속의 인물의 역할을 대신 수행해 본 후, 이와 같은 탐구 과정과 결과에 대해 평가함으로써 문제해결책에 스스로 다다를 수 있게 하는 것이다. 유치원 교실에서 역할놀이영역은 자유선택활동시간에 상시 제공되는 영역이지만, 사회교육을 위해 의도적으로 수업에 활용할 수 있다. 식당, 병원, 시장, 학교, 공장, 소방서, 경찰서, 목욕탕, 은행, 우체국 등 주제와 경제 개념을 다루려 할 때 가능할 수 있다. 단순히 역할을 모방하고 가장놀이를 하는 데 그치는 것이 아니라 경제, 사회, 문화적 개념을 발달시킬 수 있는 효과적인 방법이다.

2) 내용 및 방법

- 자유롭고 편안한 분위기에서 자연스럽게 놀이하도록 충분한 시간과 공간을 제공한다.
- 지역사회에 관심을 가질 수 있는 소품을 준비한다.
- 유아가 고정관념이나 편견을 가질 수 있는 소품은 주의한다.
- 유아의 연령과 신체적 특성을 고려하여 장난감 난로, 냉장고, 탁자, 의자, 싱크대, 침대, 전신거울, 옷걸이 등의 다양한 역할놀이 영역을 꾸민다.
- 나누기, 함께하기, 공유하기 등의 친사회적 행동들을 격려한다.
- 놀이시간 동안 유아들은 영역에서 초기 경험이 일어나도록 준비해서 환경에 편안함을 느끼고 이용할 수 있는 자원을 위압적이지 않은 방식으로 탐구할 수 있도록 한다. 놀이 후 "오늘 아침에 어떻게 놀았는지 이야기해 줄 수 있겠니?" 그리고 "다음에 너는 무엇을 할 거니?"와 같은 탐색적인 질문을 하는 것이 좋다.
- 연속된 경험을 선정한다.
  - 여러 옷을 입어 보며 '네가 소방관이라면?', '○○옷을 입고 어떤 일을 할까?' 등의 발문을 한다.
- 놀이시간이 끝난 후 대그룹으로 모여 역할놀이 동안의 경험, 생각, 느낌 등을 이야기하게 한다. 다음 놀이에는 유아의 의견을 반영하여 놀이를 구성하도록 하고 교사가 제안한 놀이도 동등하게 참여할 수 있다.
- 경제 교육을 위하여 돈, 화폐 등을 준비하여 사용한다.
- 환경 교육을 위하여 장바구니 사용, 분리수거 등의 내용을 포함한다.

3) 수업절차

역할놀이를 활용한 수업의 절차와 내용은 다음과 같다. 이러한 절차들은 상황(학급 크기, 연령, 주제, 환경 등)에 따라 유연하게 적용해 볼 수 있다.

절차	내용
상황 설정하기	• 역할을 맡을 인물과 상황, 조건 등을 선택한다(지나치게 개인적이고 특정한 주제보다 유치원에서 유아 간 갈등문제, 마트에서 물건을 파는 가게 주인공 등 유아에게 친숙한 상황이나 사건 또는 유아의 경험을 고려).
역할의 특성 파악하기	• 유아가 맡은 인물 특성, 감정, 상황적 동기를 이해하기 위하여 그 문제에 관련한 자료나 책을 읽거나 토의를 거친다.
역할 정하기	• 여러 가지 배역에 골고루 참여할 수 있도록 유아들끼리 자발적으로 의논할 수 있는 기회를 제공한다(역할 분담 토의지를 활용하거나 역할이 중복되었을 때 적절한 조정방법 논의하기).
역할에 맞는 소품 준비하기	• 공간배경과 등장인물의 특징을 표현하기 위하여 무엇이 필요한지 의논 후 교실 안의 교구를 사용하거나 유아들이 미술활동 시간에 직접 만들어 꾸민다.
역할놀이하기	• 자신이 맡은 역할에 따라 놀이에 참여한다(인물의 특성과 시 · 공간적 상황 생각하기).
인물의 상황과 감정 토의하기	• 각 상황에 따른 역할 표현에 대해 생각해 보고 인물의 행동과 당시의 감정에 대해 이야기 나누어 본다.
평가하기	• 활동을 회상하며 즐거웠던 점, 아쉬웠던 점, 기억에 남는 친구의 말과 행동에 대해 의논한다. • 맡은 역할을 표현하는 다양한 방법을 생각해 본다. • 적절한 소품을 활용하여 특정 인물의 성격 및 특성을 강화한다.

4) 교수-학습의 적용

앞의 절차를 적용한 교수-학습의 예시는 다음과 같다. 유치원에서 생활하며 친구들과 겪는 갈등을 역할놀이를 통해 친구의 마음에 공감하고 대처하는 상황을 경험해 보는 활동이다.

생활주제	유치원과 친구	집단형태	대 · 소집단	대상	5세
주제	유치원에서 만난 친구	사회과 관련 주제		시민의식과 실천	
소주제	친구 간의 예의 지키기				
목표	• 친구의 마음에 관심을 갖는다. • 친구와 나의 마음이 다를 수 있음을 알고 공감한다. • 역할놀이를 통해 친구와 나와 다툰 후 대처하는 상황을 경험해 본다.				

	절차	활동내용	자료 및 유의점
도입	상황 설정하기	• '쌓기영역에서 다툰 민수와 미영이'의 이야기를 PPT로 들려준다. └ 민수가 미영이의 블록을 빼앗아가 다투는 내용 - 누가 나왔니? - 이곳은 어디일까? - 왜 다투게 되었니?	자 친구와 영역 내에서 갈등이 있는 동화 가능
전개	역할의 특성 파악하기	• 사건이 일어난 순서를 되짚어 보며 각 인물들의 감정을 추측해 본다. - 미영이와 민수는 무엇을 하고 있었니? - 어떤 일이 벌어졌니? 그때 민수는 왜 블록을 빼앗아 갔을까? - 민수가 미영이의 뺏었을 때 미영이의 마음은 어땠을까? 그래서 미영이는 어떻게 했니? 그때 민수의 마음은 어땠을까?	
	역할 정하기	• 토의를 통해 서로 역할을 정한 후 역할이 중복될 때 해결책을 찾아본다. - 맡고 싶은 역할이 있니? - 서로 같은 역할을 하고 싶을 때 어떻게 해야 할까?	
	역할에 맞는 소품 준비하기	• 장소와 등장인물에 필요한 소품을 탐색하며 이야기 나눈다. - 사건이 일어난 장소는 어디였니? - 무엇이 필요할까? - 미영이에게 필요한 소품은 무엇일까?	유 충분히 역할에 몰입할 수 있도록 다양한 재료를 준비한다.
	역할놀이 하기	• 일어난 일의 순서와 상황을 다시 익힌 뒤 역할놀이를 해 본다. - 역할을 맡은 친구들끼리 미영이와 민수가 되어서 동화책에서처럼 놀이해 보자. 놀이하며 어떤 기분이 드는지, 어떤 이야기를 하면 더 좋을지도 생각해 보자.	자 디지털카메라 유 역할놀이를 동영상으로 촬영하여, 사후 토의 및 평가에 활용할 수 있다.
	인물의 상황과 감정 토의하기	• 역할놀이를 한 후 행동과 감정에 대해 이야기 나눈다. - 미영(민수)이가 되어 보니 어떤 기분이 들었니? - 미영(민수)이와 같은 경험이 있니? - 자기가 미영(민수)이라면 어떻게 했을 것 같니? • 화해하기 위한 방법을 찾아 역할극을 다시 해 본다. - 미영이와 민수가 화해하려면 어떻게 해야 할까? - 좋은 방법을 생각하며 역할극을 다시 해 보자.	유 연기표현에 대한 평가가 아닌 연기한 인물의 감정 파악에 초점을 둔다.

| 마무리 | 평가하기 | • 친구와 나의 마음이 다를 수 있음을 알아본다.
　- 다른 친구가 되어 연기해 보니 어땠니?
　- 나의 마음과 친구의 마음이 항상 같을까?
　- 친구와 나의 마음이 다를 때 어떻게 해야 할까?
• 역할놀이를 하며 느낀 점에 대해 이야기 나눈다.
　- 역할놀이를 하며 어떤 점이 어려웠니?(재미있었니?)
　- 기억에 남는 친구의 말이 있었니?
　- 또 역할놀이를 해 보고 싶은 상황이 있니? |

　　앞의 절차뿐만 아니라, 다음과 같은 방법으로도 적용해 볼 수 있다. 영화관에 다녀온 경험을 바탕으로 영화관 놀이에 필요한 소품과 역할의 특성을 생각해 보는 활동이다.

■ 생활주제: 우리 동네

생활주제		우리 동네	집단형태	대 · 소집단	대상	5세
주제		우리 동네 생활	사회과 관련 주제	개인, 단체, 기관		
소주제		우리 동네 공공기관 알아보기				
목표		• 영화관에서 하는 일에 관심을 가진다. • 영화관 역할놀이에 즐겁게 참여한다. • 영화관에서 일하는 분들의 다양한 역할을 안다.				
절차		활동내용		자료 및 유의점		
도입	상황 설정하기	• 영화관에 다녀온 경험에 대해 이야기 나눈다. 　- 영화관에 가 본 적이 있니? 어느 영화를 보았었니? 　- 영화관에서 무엇을 보았니? 어떤 사람들을 만났니? 　- 어떤 영화관에 가 보았니?				
전개	역할의 특성 파악하기	• 영화관에서 일하는 다양한 사람들에 대해 알아본다. 　- 영화관에는 어떤 일을 하는 사람들이 있을까? 그분들은 우리에게 어떤 도움을 줄까? 　　(영화를 보러 온 사람, 영화표 파는 사람, 먹을거리를 파는 사람, 영화를 틀어 주는 사람, 영화표를 확인하는 사람, 극장 안으로 안내해 주는 사람, 자리를 깨끗이 치워 주는 사람 등)		자 실제 영화표, 영화관 내부 및 외부 사진 자료		

전개	역할 정하기	• 영화관 놀이에 필요한 역할에 대해 이야기 나눈다. 　- 영화관 놀이에는 어떤 역할이 필요할까? 　　(영화표 파는 사람, 먹을거리를 파는 사람, 영화를 틀어 주는 사람, 영화표를 확인하는 사람 등) 　- 손님이 영화표를 사려면 뭐라고 해야 할까? 　- 영화표를 파는 사람은 손님에게 뭐라고 해야 할까? 　- 먹을거리를 파는 사람은 손님에게 뭐라고 말할까? 　- 손님은 뭐라고 할까? 　- 손님들은 영화를 볼 때 어떻게 해야 하니?	[자] 영화표, 의상, 영화상영 시간표, 역할영역 음식소품 등 [유] 각자 맡은 역할을 이해할 수 있도록 지도한다.
	역할에 맞는 소품 준비하기	• 영화관 놀이에 필요한 소품에 대해 알아보고 준비한다. 　- 영화관에서 필요한 것들은 무엇이 있을까? 　- 자기가 맡은 역할을 하기 위해 필요한 물건들은 무엇이니? 어떻게 준비할 수 있겠니?	[유] 충분히 역할에 몰입할 수 있도록 다양한 재료를 준비한다.
	역할놀이 하기	• 맡은 역할을 생각하며 상황에 맞게 역할놀이를 한다.	
	인물의 상황과 감정 토의하기	• 역할을 하며 느꼈던 감정에 대해 이야기 나눈다. 　- 역할놀이를 하면서 불편했던 점이나 기분이 좋지 않은 것이 있니? 어떤 상황에서 불편했니? 　- 그런 때 어떻게 해 보았니? 어떻게 하면 더 좋을 것 같니? 혹시 다른 생각이 있는 친구가 있니?	[유] 연기표현에 대한 평가보다 맡은 인물의 감정 파악에 초점을 둔다.
마무리	평가하기	• 영화관에서 하는 일을 회상해 본다. 　- 영화관은 무엇을 하는 곳일까? 　- 영화관에서 어떤 일을 하는 사람들을 만날 수 있니? 　- 영화관에서 지켜야 할 약속과 영화관에서 만나는 사람들에게 지킬 예절에는 무엇이 있을까? • 영화관 놀이를 한 후 생각과 느낌에 대해 이야기 나눈다. 　- 어떤 역할을 해 보았니? 　- 영화관 놀이에서 어떤 것이 즐거웠니? 아쉽거나, 어려웠던 점은 무엇이니? 　- 다음 영화관 놀이를 한다면, 어떤 일을 하는 사람의 역할을 넣었으면 좋겠니?	

* 5세 누리과정 지도서 『우리 동네』를 참고하여 수정함.

5) 평가

역할놀이 활동 후 다음의 관점을 고려하여 유아를 평가할 수 있다.

- 자기가 맡은 역할을 즐기는가?
- 역할놀이 장면에 대하여 순서와 맥락을 이해하는가?
- 다른 사람이 맡은 역할을 존중하는가?
- 역할에 대한 감정이입 또는 공감을 하는가?
- 역할을 표현할 수 있는 소품을 잘 활용하는가?
- 필요한 소품의 대안이나 대용품을 창의적으로 활용하는가?

6) 참고

(1) 생활주제와 적용

생활주제와 관련하여 적용 가능한 활동은 다음과 같다.

생활주제	적용활동
유치원과 친구	• 선생님 놀이 - 우리 교실의 모습을 역할놀이로 표현해 보면서 유치원 생활에 친숙해진다.
우리 동네	• 시장놀이 - 시장견학 후 역할을 나누어 시장 놀이를 한다. • 병원놀이 - 병원견학 후 역할을 나누어 시장 놀이를 한다.
교통기관	• 교통놀이 (공항놀이, 기차역 놀이, 정비소 놀이 등으로 나누어 놀이에 필요한 역할을 나누어 놀이한다.
세계 여러 나라	• 여행사 놀이 - 여행사와 관련되는 역할을 나누어 놀이를 한다.

(2) 기타 자료

- 유아의 특성·학급 크기에 따라 스토리 전개에 필요한 대표적 역할을 찾아보기

- 동일한 주제에 대하여 각기 다른 역할선정 및 전개방법 토의하기

  예 '커다란 무' 역할 선정 1) 무, 할아버지, 강아지, 토끼, 다람쥐

  2) 무, 할머니, 손녀, 강아지, 고양이, 생쥐

5. 시간의 변화 알아보기

1) 교육적 가치

> • 시간의 흐름이나 변화과정을 일정한 간격으로 나누고 연결하여 사건 및 사물과의 관계를 이해하고 알아보는 방법.
>
> (김영옥, 2014)

사회과에서 역사의 본질적 이해는 특히 연대기다. 유아들이 계속성, 변화, 원인과 결과의 문제를 이해하기 위해서는 어떤 사건이 일어났는가와 사건이 일어난 순서에 대해 아는 것이 중요하다. 시간의 변화를 다룰 때 너무 시간이나 역사의 순서, 연대기 자체에만 중점을 두기보다는 사건의 순서, 전후, 좌우와 관련하여 일련의 사건, 인물의 맥락을 위치해 보는 것이 중점이 되어야 한다.

포스트잇 한 장씩을 나누어 주고 1시간 또는 하루 단위로 정하면 시간의 길이와 흐름을 이해할 수 있다. 아침, 점심, 저녁의 3장의 종이를 늘어놓았을 때 아침에 아침밥을 먹고 한 일, 점심에 한 중요한 일, 오후에 한 일을 기억해 볼 수 있고 유아교육기관의 일과를 시간의 띠 위에 놓아 볼 수 있을 것이다.

블록 하나를 1년이라고 가정하고 여러 개의 불록을 나열해 보면 해마다 한 살씩 먹은 나이와 한 일을 순서화해 볼 수 있을 것이다. 블록이 1년도 되고 1시간 또는 3월, 4월 같은 달의 간격으로 활용될 수도 있을 것이다. 3월에는 입학을 하고 4월에는 현장체험을 다녀왔고 5월에는 부모님 초청행사를 하였다면 이러한 일련의 사건이나 행사, 활동들이 시간의 선상 위에 놓이거나 자리함으로써 변화와 계속성을 파악하게 되고 인과관계를 경험하게 된다.

2) 내용 및 방법

• 사건의 순서, 시간의 길이, 사건의 중요도 등을 다룰 수 있다.

- 시간의 변화를 잘 이해할 수 있는 주제를 선택한다.
- 시간의 변화의 넓이(폭)과 깊이를 결정한다.
- 시간의 변화 간격을 어떻게 표시할지 결정하고 일정한 간격을 유지한다.
- 시간의 변화를 구성하는 데 필요한 활동 목표와 관련된 질문 목록을 만든다.
- 단어, 그림, 사진 등 다양한 매체를 사용하여 시간의 변화를 만든다.
- 유아는 자신의 생활을 중심으로 시간의 변화를 이해, 경험할 수 있는 활동으로 접근한다. 예로 유치원 하루의 생활을 시간표를 만들어 봄으로써 시간의 변화를 적용해 볼 수 있다. 시간의 변화는 유아가 하루를 반성해 보고 상기할 수 있도록 하루 일과의 마무리에 이루어져야 한다.
- 시간의 띠를 일정한 간격이나 색으로 구분하면 시간의 흐름을 잠재적으로 인지하는 데 도움이 된다. 이때 블록이나 포스트잇, 빨대, 라벨지 연결하기 등 일정한 간격이 반복되는 재료를 활용할 수 있다.
- 다양한 사전활동을 통하여 유아에게 시간 개념을 친숙하게 도입할 수 있다.

활동내용	활동모습
벽시계와 손목시계의 차이점을 벤다이어그램으로 나타내기	
시계 이전 경험 나누기	

시계에 대한 경험 나누기:
아빠 시계가 고장 나서
사러 갔어요.

시계에 대한 경험 나누기:
언니와 함께 시계를 보고
일어났어요.

시계에 대한 경험 나누기:
시계를 보니 유치원에
갈 시간이에요.

시계로 시작하여 끝말잇기
(언어영역)

* 경산 운문유치원.

(2) 기타 자료

교수-학습 확장하기

• 시간의 흐름과 대표적 사건을 다양한 재료나 소재 또는 방법으로 표상해 보기

• 사건이나 활동의 길이나 양을 다양하게 나타내 보기

• 같은 사건을 나태낸 후 그중에 한 부분을 선택하며 세분화해 보기(부분-포함관계)

　예 하루 일과를 시간의 띠로 나타낸 후 점심시간을 순서화해 보기

6. 의사결정하기

1) 교육적 가치

> • 어떤 주체가 자기의 활동 방침을 결정하는 것. 즉, 의사결정이란 개인이나 조직이 주어진 문제를 해결하기 위하여 가능한 여러 대안(代案)을 모색, 탐색하고 그중 가장 합리적이고 효과적으로 목표를 달성할 수 있다고 보는 한 가지 방안을 선택·결정하는 과정.
>
> (행정학사전)

　의사결정이란 여러 대안 중에서 하나의 행동을 고르는 일을 해 내는 정신적 지각활동으로서, 모든 의사결정의 과정은 하나의 최종적 선택을 가지게 된다. 의사결정 과정은 서로 다른 의견과 가치가 대립할 때 자신의 가치를 인식하고 명료화하여 수용하거나 거부해야 하는 것들에 대해 결정을 내려야 하며 이를 위해서는 보편타당한 가치관에 근거하여 명확한 가치판단을 내릴 수 있는 능력과 행동으로 실천하는 과정이 요구된다.

　유아의 의사결정은 유아가 목표하는 것을 효과적으로 이루기 위해 합리적인 사고과정을 통해 최선의 대안을 선택 및 결정하는 과정을 의미한다. 교사는 유아에게 일상적 상황에서의 선택권을 제공해 유아가 의사결정 과정에 참여하고 보다 합리적인 의사결정을 내릴 수 있도록 지도해야 한다.

2) 내용 및 방법

- 의사결정 조직표나 의사결정 나무를 활용하여 대안과 결과 생각하기, 대안을 평가하기, 하나의 대안 선택하기 등의 내용을 다룰 수 있다.
- 의사결정 나무 활동을 처음 도입할 때는 교사와 유아가 함께 참여하다가, 익숙해지면 유아들이 직접 나무에 기록해 보는 활동을 할 수 있다.
- 학기 초나 글쓰기가 힘든 경우, 또한 의사결정 나무를 처음 소개할 때는, 나무 모형과 교사가 예상한 주제와 대안을 미리 인쇄하여 나무에 오려 붙이는 방법을 활

용할 수 있다.

- 의사결정 나무 활동을 실시한 후에 최종적으로 선택한 내용을 교실이나 유아교육 기관 벽면에 게시하여 유아들끼리 서로 비교해 보고 이야기 나누어 볼 수 있다.
- 연령이 어린 유아들이나 글자를 쓰지 못하는 유아들은 개인별 활동보다는 교사와 함께 또는 글자를 쓸 수 있는 유아와 함께 그룹 활동으로 전개할 수 있다.
- 활동이 끝나고 선택한 대안에 대하여 평가를 할 때, 교사의 기준에는 합당하지 않더라도 유아들의 선택을 존중해 주며 유아 스스로 판단해 보도록 하는 것이 바람직하다.

3) 수업절차

의사결정하기를 활용한 수업의 절차와 내용은 다음과 같다. 이러한 절차들은 상황(학급 크기, 연령, 주제, 환경 등)에 따라 유연하게 적용해 볼 수 있다.

절차	내용
의사결정 상황 또는 문제 확인하기	• 주어진 의사결정 상황이나 문제를 확인한다. 예) 용돈 1,000원으로 무엇을 할까?
대안 생각하기	• 문제를 해결할 수 있거나 결정이 내려질 모든 방식을 브레인스토밍으로 표현하고 의사결정 나무나 의사결정 일람표 등을 만들어 대안들을 적는다.
대안의 평가 기준 정하기	• 의사결정을 위해 자유로운 토의를 통해 평가 기준을 정한다. 예) 1,000원으로 무엇을 할까? - 대안: 과자를 사먹는다. - 평가기준: 몸에 좋은가, 부모님이 허락하는가, 친구들과 함께 할 수 있는가 등
대안에 대해 예측 가능한 결과 생각하기	• 모든 대안과 기준을 생각한 뒤 의사결정의 긍정적 결과와 부정적 결과를 파악하고 판단하며 점수를 매긴다. 예) 1,000원으로 과자를 사먹는다면 친구들과 함께 나누어 먹을 수 있다. 평소에 과자를 사먹는 걸 부모님께서 좋아하시지 않아서 싫어하실 수도 있다. 단, 과자를 먹으면 이가 상한다.
최종 대안 결정하기	• 가장 최선의 대안을 선택한다(스티커 수 세어 보기, 점수 주기 방법 활용).
평가하기	의사결정 과정에 참여와 의견이 반영되었는가, 문제해결에 도움이 되었는지, 많은 대안 책이 나왔는지를 검토해 본다.

4) 교수-학습의 적용

앞의 절차를 적용한 교수-학습의 예시는 다음과 같다. 도우미의 역할을 결정하는 방법으로 브레인스토밍을 적극 활용하고 의사결정 나무를 보조적으로 활용한 경우다.

생활주제	유치원과 친구	집단형태	대 · 소집단	대상	5세
주제	유치원에서의 하루	사회과 관련 주제	개인, 단체, 기관		
소주제	도우미가 되어 보기				
목표	• 도우미의 의미와 역할에 대해 안다. • 친구들과 협의하여 도우미의 역할과 활동 순서를 결정해 본다. • 서로의 생각을 모아 협의하는 과정에 즐겁게 참여한다.				

절차		활동내용	자료 및 유의점
도입	의사결정 상황 또는 문제 확인하기	• 유치원에서 지내며, 다른 사람의 도움이 필요했던 경험에 대해 이야기 나눈다. 　- 유치원에서 친구의 도움이 필요했던 적이 있었니? 　- 어느 때 도움이 필요했었니? • '도우미'의 의미에 대해 알아본다. 　- '도우미'라는 말을 들어 본 적이 있니? 　- '도우미'는 어떤 일을 하는 사람일까?	
전개	대안 생각하기	• 도우미가 할 수 있는 역할에 대해 브레인스토밍해 본다. 　- 도우미가 할 수 있는 일에는 어떤 것이 있을까? 　- 도우미가 해 주었으면 하는 일들은 무엇이니? • 모아진 생각을 의사결정 나무에 적어 본다. 　- 생각나는 것들을 모두 적어 보자.	자 전지, 보드마카 유 유아의 생각을 잘 표현할 수 있도록 수용적인 분위기를 조성한다.
	대안의 평가 기준 정하기	• 도우미 역할에 대한 기준을 정해 본다. 　- 도우미가 할 수 있는 일과 없는 일은 어떻게 구분할 수 있을까?(선생님의 도움이 없어도 친구들끼리 서로 도와 해결할 수 있는 일/선생님의 도움이 필요한 일) • 도우미 순서를 정해 본다. 　- 도우미는 어떤 친구가 했으면 좋겠니? 　- 모두가 도우미를 할 수 있게 한다면, 어떤 순서로 하면 좋겠는지 생각을 모아 보자.	

	대안에 대해 예측 가능한 결과 생각하기	• 기준에 따라 결과를 예측해 보며 의견을 제시한다. – 도우미가 할 수 있는 일인지 생각하여, 할 수 있는 것에는 어떤 표시를 해 볼까?(스티커 붙이기, 동그라미 그리기, ○×판으로 옮겨 붙이거나 쓰기 등) – 도우미를 ~순서로 뽑는다면 어떤 점이 좋을까? 어떤 점이 불편할까?(번호 순서대로, 뒷 번호 순서대로, 일찍 등원하는 순서대로, 뽑기 통을 이용해 무작위로, 릴레이로 다음 친구 정해 주기로 등)	자 스티커
	최종 대안 결정하기	• 결과를 집계하여 도우미의 역할과 순서를 정한다.	
마무리	평가하기	• 도우미의 역할을 확인해 본다. – 우리가 정한 도우미의 역할은 무엇이 있었니? 내가 도우미가 된다면, 그 역할을 할 수 있겠니? • 선택된 대안을 보며 최선의 대안인지 검토해 본다. – 정해진 도우미의 역할 중 더 넣고 싶은 일이나 빼고 싶은 것이 있니? • 도우미 역할 선정에 대해 느낌을 나눈다. – 도우미 역할을 정해 보니 어떤 느낌이 들었니? – 어렵거나 힘들었던 점이 있니? – 우리 반의 첫 번째 도우미는 누굴까? 언제부터 도우미 활동을 해 주겠니?	

* 5세 누리과정 지도서 『유치원과 친구』를 참고하여 수정함.

앞의 절차뿐만 아니라, 다음과 같은 방법으로도 적용해 볼 수 있다. 의사결정 나무 방법을 활용하여 도우미 역할을 결정하는 방법이다.

■ 생활주제: 유치원과 친구

생활주제	유치원과 친구	집단형태	대 · 소집단	대상	5세
주제	유치원이 좋아요	사회과 관련 주제		개인, 단체, 기관	
활동명	유치원 도우미				
목표	• 유치원에 필요한 도우미의 역할을 알아본다. • 내가 잘할 수 있는 역할을 알아보고 결정할 수 있다. • 의사결정 나무를 활용해 자신의 생각을 표현할 수 있다.				

절차		활동내용	자료 및 유의점

도입	주제 선정하기	• 도우미의 의미와 역할에 대해 알아본다.
		    - 도우미란 무엇일까?
		    - 우리 반에서 어떤 도우미들이 필요할까?
		     예) 형광등 도우미: 불을 꺼주는 도우미, 달력 도우미: 날짜를 바꾸어 주는 도우미, 물 도우미: 화분에 물을 주는 도우미, 간식 도우미: 간식 배식을 도와주는 도우미, 양치 도우미: 치약을 짜 주는 도우미, 배달 도우미: 안내문이나 활동지 등을 나누어 주는 도우미 등	

전개	대안을 고려하기	• 내가 하고 싶거나 할 수 있는 도우미가 무엇인지 생각해 본다. - 나는 어떤 도우미를 하고 싶니?	

	의사결정 나무에 기록하기	• 의사결정 나무를 통해 내가 하고 싶은 도우미를 알아본다.
		    - 이것은 무엇일까?
		    - (첫 번째 가지) 어떤 도우미를 하고 싶니? 내가 하고 싶은 도우미가 있니?
		    - (두 번째 가지) 왜 도우미를 하고 싶니?, 어떤 장점, 단점이 있을까?
		    - 두 번째 가지들을 잘 살펴보고, 좋다는 표시는 +, 반대로 좋지 않다고 생각한다면 -표시를 해 보자.
		 • 내가 가장 하고 싶은 도우미를 결정하여, 나무의 맨 꼭대기에 기록한다.
			자 의사결정 나무 그림
			
			 유 의사결정 나무 그림은 활동 전 미리 준비한다.

	최종 선택 결정하기	• 의사결정 나무 방법에 따라 내가 하고 싶은 도우미를 결정한다.	
마무리	결정 평가하기	• 결정한 도우미가 어떤 역할을 하는지, 어떻게 하는지, 잘 할 수 있겠는지 평가해 본다. - 어떤 도우미를 선택했니? 이유는 무엇이었니?	
	후속활동	• 각 도우미 역할을 표시하는 도우미판과 이름표를 만들어 교실 벽면에 게시한다.	

5) 평가

의사결정하기 활동 후 다음의 관점을 고려하여 유아를 평가할 수 있다.

- 토의하고 의논하는 태도와 분위기가 조성되었는가?
- 의사결정 과정에 적극적으로 참여하는가?
- 다양한 대안을 제시하고 그에 따른 결과를 생각할 수 있는가?
- 대안의 결정 과정이 민주적인가?
- 새로운 갈등이나 문제가 생길 때 방법을 궁리하거나 모색하는 태도를 갖는가?

6) 참고

(1) 생활주제와 적용

생활주제와 관련하여 적용 가능한 활동은 다음과 같다.

생활주제	적용활동
즐거운 유치원	• 어떤 영역에서 놀이할까? 　– 놀이영역을 가지에 그리고 어떤 영역에서 놀 것인지 결정한다. • 어떤 도우미를 할까?
나와 가족	• 엄마 생신을 어떻게 보낼까? • 어떻게 손님을 맞이할까?
우리 동네	• 우리 동네에서 어떤 기관으로 견학을 가 볼까? • 사고 싶은 물건을 사 봐요
봄	• 어떤 꽃의 씨앗을 심어 볼까?
여름	• 방학동안 친구에게 마음을 전하는 방법
가을	• 어떤 친구와 소풍 짝꿍을 할까?
겨울	• 산타클로스 할아버지로부터 받고 싶은 선물은?
동물과 식물	• 어떤 반려동물을 길러 볼까?
건강과 안전	• 감기에 걸리지 않으려면?
환경과 생활	• 내가 쓰레기를 아낄 수 있는 방법

전개	추가자료 제시 및 관찰하기	• 다른 단위의 지폐에 그려진 위원들을 살펴본다. – 또 다른 돈에도 사람이 그려져 있을까? 어떤 사람들이 있을까? – 돈을 관찰하면서 그 사람이 만든 것이 그려져 있는지 찾아보자.	자 천 원, 오천 원, 오만 원권 지폐
	공통점 발견 및 개념 정리하기	• 화폐에 그려진 위인들의 특징을 비교해 본다. – 왜 돈에 옛날 사람의 얼굴을 그려 놓았을까? – 돈에 그려진 사람들은 어떤 사람인 것 같니? • '이순신'과 '세종대왕'을 서로 비교하며 공통점을 찾아본다. – 이순신과 세종대왕의 서로 다른 점은 무엇일까? – 이순신과 세종대왕의 비슷한 점은 무엇인 것 같니?	
	적용 및 응용	• '이순신'과 '세종대왕'처럼 나라를 사랑하기 위해 실천할 방법을 찾아본다. – 이순신과 세종대왕처럼 우리나라와 우리나라 사람들을 위해 할 수 있는 일에는 무엇이 있을까? • 직접 새로운 돈을 디자인해 본다. – 내가 돈을 새로 만든다면, 그려 넣고 싶은 멋진 사람이 있니? 왜 그렇게 생각하니? – 그 사람을 그려 넣은 새로운 돈을 만들어 소개해 보자.	
마무리	평가하기	• '이순신'과 '세종대왕'에 대해 알게 된 점에 대해 이야기 나누고 나라를 사랑하는 마음을 본받는다. – 이순신(세종대왕)이 한 일은 무엇이었니? – 이순신과 세종대왕의 어떤 마음을 본받아야 할까? – 내가 커서 우리나라를 위해 훌륭한 일을 했을 때 돈에 내 얼굴이 그려진다면 어떤 기분이겠니? – 나는 우리나라를 위해 어떤 일을 하고 싶니?	

앞에서 제시되었던 '화폐 속의 위인' 활동은 앞의 절차뿐만 아니라, 다음의 방법으로도 적용해 볼 수 있다.

■ 생활주제: 우리나라

생활주제	우리나라	집단형태	소집단	대상	5세
주제	우리나라를 빛낸 위인	사회과 관련 주제	문화		
소주제	화폐 속의 위인				
목표	• 세종대왕과 이순신의 업적에 대해서 안다. • 우리나라의 위인에 대해 관심을 갖는다.				

절차		활동내용	자료 및 유의점
사전활동	집단이나 개인의 기록 문헌 찾기	• 우리나라 위인들에 대한 책이나 기타 자료들을 수집한다.	자 위인전기, 인터넷 자료
	수업의 목표와 관련된 흥미로운 주제 정하기	• 화폐 속의 위인에 대해서 알아보는 것을 주제로 선정한다.	자 화폐
	관련 자료 정리하기	• 세종대왕과 이순신에 대해 준비된 자료들을 정리하여 유아가 알아보기 쉽게 파일로 정리해서 비치한다. • 우리나라 위인들에 대한 책들을 책보기영역에 비치한다.	자 도서 및 정리 파일
도입	탐색 가능한 문제 제시하기	• 화폐에 대해서 이야기 나눈다. - 화폐는 언제 쓰는 거니? - 화폐에 무엇이 있니? - 화폐에 있는 이 사람은 누굴까?(세종대왕, 이순신)	자 화폐 확대본
	자료 비평 및 주제에 대한 이야기 나누기	• '이순신'과 '세종대왕'에 대해 알고 있는 점을 이야기 나눈다. - 세종대왕은 어떤 분일까? - 이순신은 어떤 분일까?	
	정보를 구하는 방법 찾기	• '이순신'과 '세종대왕'에 대한 정보를 얻기 위한 방법을 찾아본다. - 이순신과 세종대왕에 대한 정보는 어디에서 찾을 수 있을까?	
전개	주제에 관한 과제 점검	• '이순신'의 업적과 관련된 자료를 보며 이야기 나눈다. - 이것을 본 적이 있니? - 어떻게 사용되었니? - 이순신은 왜 거북선을 만들었을까? - 배가 12척뿐이었지만 포기하지 않았던 이유는 무엇이었을까? • '세종대왕'의 업적과 관련된 자료를 보며 이야기 나눈다. - 이것을 본 적이 있니? - 어떻게 사용되었니? - 세종대왕은 왜 훈민정음을 만들었을까?	

문제 해결 및 설명과 질문	• '이순신'과 '세종대왕'에 대해 새롭게 알게 된 부분을 이야기 나눈다. 　- 처음에 생각했던 것과 같은 점은 뭘까? 다른 점은 뭘까? • 의견이 맞지 않는 부분이 있으면 토의하여 정리한다. 　- 친구의 생각과 다른 점은 무엇이니? 　- 왜 그렇게 생각하니? 　- 이 부분은 어떻게 고치면 좋을까?	자 조사 기록지
마무리 평가하기	• 정리된 것들을 유아들과 함께 살펴보고 적절한 곳에 게시하여 유아들이 볼 수 있게 한다.	

5) 평가

발견학습적 접근하기 활동 후 다음의 관점을 고려하여 유아를 평가할 수 있다.

• 유아가 호기심을 가지고 접근하는가?
• 유아 스스로 문제 해결을 위한 자료를 찾을 수 있는가?
• 유아는 제기된 문제들에 대해서 자기의 생각을 설명할 수 있는가?
• 교사의 질문에 유아가 자신의 생각을 이야기할 수 있는가?

6) 참고

(1) 생활주제와 적용
생활주제와 관련하여 적용 가능한 활동은 다음과 같다.

생활주제	적용활동
우리 동네	• 시장놀이 　- "만약 물건을 사다가 돈이 부족하면 어떻게 할까?" 유아들은 돈을 적절하게 사용해서 필요한 물건을 구입하는 방법에 대해서 토론한다. 이와 관련해서 옛날의 시장과 오늘날의 슈퍼마켓에 대해서 알아보고 화폐의 변화에 대해서도 알아볼 수 있다. 나아가서 물품의 유통과정에 대해서도 알아볼 수 있다.

우리나라	• 우리의 민화 - 우리의 풍습이 잘 표현된 민화들을 감상하고 우리의 옛 풍습을 찾아보는 활동을 해 본다.
겨울	• 세계의 크리스마스 - 전 세계의 다양한 크리스마스 풍습과 모습들을 조사해서 알 수 있다.
환경과 생활	• 더러워진 바다 - 사람들의 잘못된 습관이 물을 오염시키는 것을 알고 물을 깨끗이 보호하기 위한 방법을 안다.

(2) 기타 자료

초등학교 과학 교사용 지도서에 제시된 발견학습의 단계는 다음과 같다.

단계	핵심 내용	구체적 활동의 특성
탐색 및 문제 파악	탐색활동, 문제 파악	• 학습 목표와 관련된 학습 자료 제시 • 학습 문제를 파악하기 위한 자료는 다양한 방법으로 제시하여 학습에 대한 흥미와 적극적인 학습 분위기 조성
자료 제시 및 관찰	준비한 자료 제시, 자료 관찰, 토의 등	• 자유로운 탐색활동 • 학생들은 주어진 자료를 다양하게 관찰하고 토의 • 교사의 수용적이고 개방적인 자세 필요
추가 자료 제시 및 관찰	추가 자료 제시, 자료 관찰, 토의 등	• 개념 형성에 어려움을 겪을 때를 대비하여 더 구체적인 보충 자료 준비 • 교사의 직접적인 지식 전달보다는 질문 기법을 통하여 학생들의 탐구 유도
규칙성 발견 및 개념 정리	일반화, 도식화	• 관찰하고 토의한 결과로부터 경향성이나 유형을 발견하게 함 → 일반화된 추리 • 교사는 학생들의 생각을 질문이나 토의를 통하여 학생들이 수용할 수 있는 표현으로 정리해 줄 필요가 있음
적용 및 응용	적용, 응용, 설명	• 발견한 규칙성이나 개념을 확장하거나 응용하는 활동을 통해 인지적 정착을 유도하는 단계 • 학생들은 자신이 발견한 규칙성이나 개념을 새로운 맥락이나 환경에 적용함으로써 개념의 활용 범위를 넓히고 개념의 의미를 인지적으로 정착시킬 수 있음

출처: 교육과학기술부(2013). 초등학교 교사용 지도서 과학 6-1, p. 83.

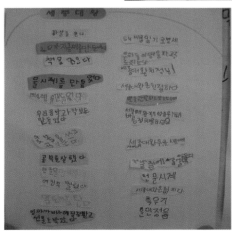
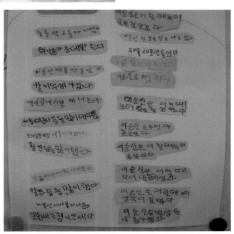

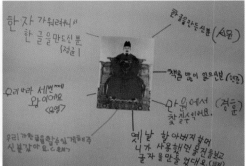

언어-글자 발 만들기

조형-거북선 만들기

신체표현-몸으로 글자 만들기

쌓기-거북선 구성하기

교수-학습 확장하기

- 문제를 발견하고 공통점을 발견해 보기

- 문제에 대한 관찰과 탐색을 통하여 일반화해 보기

8. 규칙 만들기

1) 교육적 가치

> • 규칙이란 여러 사람이 다 같이 지키기로 작정한 법칙. 또는 제정된 질서.
>
> (표준국어대사전)
>
> • 어떤 현상 속에 들어 있는 일정한 질서나 법칙.
>
> (구글 사전)

규칙은 개인이 아닌 공동체 안에 존재하는 것이며, 사회의 유지를 위해 구성원들 간의 합의에 의해 만들어진 행동 기준이다. 유아들은 가정에서 벗어나 유아교육기관에서 처음으로 공동체 생활을 시작하면서 규칙을 인식하게 된다. 유아교육기관에서의 규칙은 유아들의 행동을 제지하고 금지하는 목적이 아닌 유아들이 서로 조화롭게 지낼 수 있도록 도와주는 목적을 지닌 요소다.

규칙은 고정된 것이 아니라 구성원들 간의 합의에 의해 변경이 가능하다는 것을 인식하고 유아들은 규칙을 만드는 과정에 참여하면서 인지, 언어, 사회, 정서 등 전인적인 성장을 하게 되며 특히, 의사결정력, 배려, 의사소통 등의 많은 사회적 요소를 경험하게 된다. 또한 규칙 만들기를 통해 민주적 절차를 이해하고 경험하면서 민주 시민으로 성장할 수 있는 기초를 제공하는 교육적 가치가 있다.

2) 내용 및 방법

- 학기 초부터 규칙에 대해 부정적인 생각을 가지지 않도록 한다.
- 유아들의 발달 수준을 고려해서 필요성을 인식할 수 있는 규칙을 만든다.
- 규칙 만들기 토의를 광범위하게 접근하기보다 구체적인 문제로 접근한다.
- 규칙은 5~7개 정도에서 최소한으로 정하도록 한다.
- '~하지 말자'보다 '~하자'라는 긍정적인 용어를 사용하여 격려의 느낌을 받을 수

있도록 한다.
- 규칙을 기록해서 해당 영역에 게시해서 기억하도록 한다.
- 규칙은 상황에 따라 서로 합의하여 수정할 수 있음을 알려 준다.

3) 수업절차

규칙 만들기를 활용한 수업의 절차와 내용은 다음과 같다. 이러한 절차들은 상황(학급 크기, 연령, 주제, 환경 등)에 따라 유연하게 적용해 볼 수 있다.

절차	내용
규칙이 필요한 상황 인식하기	• 유치원 일과 중 불편하거나 속상했던 문제 한 가지 사건에 초점을 맞춘다. 예) 화장실, 자유선택시간 등 불편하거나 속상했던 점을 이야기해 본다.
문제점에 대해 브레인스토밍하기	• 규칙이 지켜지지 않아 불편했던 점에 대해 여러 가지 생각을 모아 본다. 예) 줄을 서지 않고 반칙해요, 화장실 안에서 장난을 쳐요, 화장지를 쓰레기통에 정리하지 않아요.
제시된 문제점 목록화하고 결과 예측하기	• 서로 비슷한 의견은 그룹으로 묶어 정리 후 규칙으로 지켜질 수 있는지에 대한 결과를 예상해 본다.
결과에 따라 규칙 만들기	• 유아의 의견을 종합하여 제시한 문제점들을 의미 있고, 기억하기 쉬운 3~5개 정도의 일반적인 규칙을 만들어 본다. 예) 화장실에 용변 후 물을 내리지 않아요. 화장지를 아무 데나 버려요. → 화장실을 깨끗이 사용해요.
규칙 설명하고 수정하기	• 규칙을 구체적으로 표현하며 부정적인 용어는 긍정적인 언어로 수정한다. 예) 복도에서 뛰지 말아요. → 복도에서 소리 나지 않게 걸어요. 반칙하지 마세요. → 규칙을 지켜요.
규칙 게시하기	• 그림이나 글로 약속판을 만들어 유아가 늘 인식하고 기억하는 곳에 의논하여 붙여 논다. • 사례가 발생할 경우 교사가 언어로 지시하기보다 제시된 규칙을 함께 읽는다.

4) 교수-학습의 적용

앞의 절차를 적용한 교수-학습의 예시는 다음과 같다. 다음의 사례는 점심시간에 규칙이 지켜지지 않는 상황을 가지고 규칙 만들기를 하는 예다.

생활주제		유치원과 친구	집단형태	대집단	대상	5세
주제		유치원과 환경	사회과 관련 주제	시민의식과 실천		
소주제		우리 반에 필요한 약속 알아보기				
목표		• 규칙의 필요성을 안다. • 서로 의견을 공유하며 규칙을 정해 본다. • 즐거운 식사시간의 규칙을 지키는 태도를 기른다.				
절차		활동내용	자료 및 유의점			
도입	규칙이 필요한 상황 인식하기	• '우리 반의 점심시간' 사진을 보며 이야기 나눈다(음식을 남긴 사진, 바닥에 떨어진 음식 사진 등). - 유치원 하루 일과 중 언제일까? 무엇이 보이니? - 사진을 보니 어떤 생각이 드니?	자 '우리 반의 점심시간' 사진			
전개	문제점에 대해 브레인스토밍하기	• 점심시간에 규칙이 지켜지지 않아 불편했던 경험을 떠올리며 글이나 그림으로 표현해 본다. - 점심시간에 규칙이 지켜지지 않아 불편했던 적이 있니? - 즐거운 점심시간을 위해서 우리는 무엇을 해야 할까?	유 글을 쓰기 어려운 유아는 그림으로 표현해 본다.			
	제시된 문제점 목록화하고 결과예측하기	• 문제들 중 서로 비슷한 것들을 묶어 본다. • 묶어진 문제들을 살피며 규칙으로 만들었을 때 지킬 수 있는지 예측해 본다. - 내가 지킬 수 있는 규칙들은 무엇이 있니?	유 다양한 의견을 낼 수 있도록 허용적인 분위기를 조성한다.			
	결과에 따라 규칙 만들기	• 서로 모아진 의견을 생각하며 규칙을 만들어 본다.	자 약속판, 사인펜			
	규칙 설명하고 수정하기	• 정해진 규칙들에 대해서 차례대로 이야기한다. • 수정을 해야 할 부분은 이유를 분명하게 이야기하고 합의가 된 사항에 대해 수정을 한다. 예) 밥을 남기지 말아요. → 정해진 양을 먹어요./먹을 만큼 받아요.				

마무리	규칙 게시하기	• 규칙을 지켜야 하는 이유를 알아본다. 　– 규칙을 직접 만들어 보니 어떤 생각이 드니? 　– 규칙이 잘 지켜졌을 때 우리 반의 모습은 어떨까? 　– 우리는 왜 규칙을 만들었을까? • 만든 규칙을 지켰을 때 모습을 생각하며 눈에 잘 띄는 곳에 붙여 본다. 　– 규칙을 지켰을 때 우리 반의 모습은 어떨까?	자 약속판

5) 평가

규칙 만들기 활동 후 다음의 관점을 고려하여 유아를 평가할 수 있다.

• 규칙의 필요성을 아는가?
• 유아에게 의미 있는 규칙인가?
• 규칙을 지키려고 노력하는가?
• 규칙 만들기에 유아가 적극적으로 참여하는가?

6) 참고

(1) 생활주제와 적용

생활주제와 관련하여 적용 가능한 활동은 다음과 같다.

생활주제	적용활동
유치원과 친구	• 바깥놀이 때 필요한 약속을 정해요 　– 바깥놀이 시 불편했던 점을 생각하며 지켜야 할 규칙을 정해 본다.
교통기관	• 안전하게 길을 건너요 　– 유치원을 오고 갈 때 안전하게 건널 수 있는 방법에 대해 이야기 나눈다.
건강과 안전	• 신나는 물놀이를 해요 　– 물놀이를 하기 전 안전하고 즐거운 물놀이를 위한 방법을 생각하며 규칙을 만들어 본다.
생활도구	• 조심해서 사용해요 　– 생활도구의 사용법을 알아보고 올바르게 사용하기 위한 약속을 정한다.

(2) 기타 자료

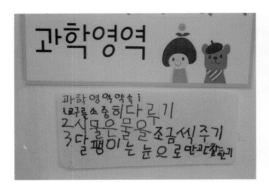

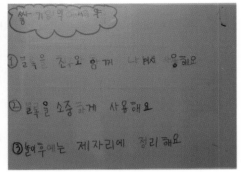

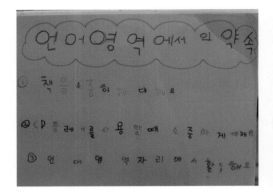

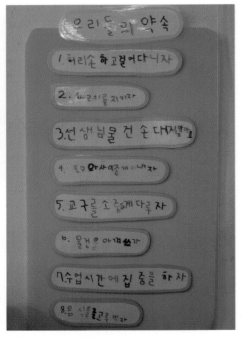

교수-학습 확장하기

- 규칙의 불편함과 편리함을 찾아보기

- 새로운 규칙이 필요한 곳을 찾아 정해 보기

- 우리 사회에서 공공규칙이 필요한 이유 찾아보기

9. 다문화적 접근하기

1) 교육적 가치

> • 다문화란 한 사회 안에 여러 민족이나 여러 국가의 문화가 혼재하는 것을 이르는 말.
>
> (국립국어원 표준국어대사전)
>
> • 다문화적 접근방법은 유아에게 모든 사람들은 각기 다른 능력, 외모, 문화, 믿음, 계층 등을 갖고 있다는 것을 알려 주고 다양한 문화적 차이를 이해할 수 있는 능력을 길러 주기 위한 교육방법이다.
>
> (김영옥, 2002)

다문화적 접근은 인종, 민족, 사회적 지위, 성별, 종교, 이념에 따른 집단의 문화를 동등한 가치로 인식하며, 다른 문화에 대한 편견을 줄이고, 다양한 문화를 이해하기 위한 지식, 태도, 가치를 기르는 접근 방법이다.

유아기는 자기를 인식하고 사람들 간의 차이점에 대해 알아가는 시기이면서 고정관념이나 편견이 형성되기 시작하는 시기이므로 편견이나 선입견이 형성되기 전에 유아가 열린 생각의 기반을 형성해야 한다. 다문화 교육이라고 해서 다문화 가정의 유아들만 대상으로 하는 것이 아니며 또한 외국 여러 나라의 문화만을 의미하지 않는다. 각 지방, 민족, 국가마다 인간의 생활문화는 많은 차이가 있고 또한 공통점도 있다. 유아들이 보고 들은 것이 풍부하지 않으면 편견을 가지기 쉬우므로 넓은 세상을 접하고 동질성과 다양성에 대한 이해가 매우 중요하다. 따라서 다문화 교육은 '차별'을 '차이'로 승화시키는 교육이며 다양성은 교육적으로 의미가 있는 내용을 선정하는 것이 중요하다.

2) 내용 및 방법

• 다양성의 요소는 국적, 종족/인종성, 종교, 사회계층, 언어, 성, 예외성, 연령 등 여덟 가지로 제시하고 있다(Melendez, Beck, & Fletcher, 2000).

- 다문화 교육의 방향을 반인종편견 교육, 기초 교육, 모든 아동에게 중요한 교육, 널리 미치는 영향력, 사회정의적 교육, 하나의 과정, 비판적인 교육으로 설명하고 있다(Nieto, 1992).
- 김영옥(2002)은 다문화 교육의 내용을 다음과 같이 정리하였다.

문화	• 문화 간의 유사점과 차이점의 특징 알기 • 각 문화에 대한 이해 및 존중심 기르기 • 문화 간 긍정적 태도 발달시키기
협력	• 다양한 사람들과 상호작용 능력 증진하기 • 다양한 사람들과 협동 능력 증진하기
반편견	• 선입견, 편견, 고정관념에 비판적 사고 형성하기 • 문제 상황에 대처 능력 기르기
정체성 형성	• 긍정적 자아개념 기르기 • 자아 정체감 및 집단 정체감 형성하기
평등성	• 국가, 민족, 성, 능력, 계층에 대한 긍정적 태도 가지기 • 인간이 평등하다는 가치 형성하기
다양성	• 다양한 개인과 집단의 존재 인정하기 • 다양성 존중하는 마음 갖기

3) 수업절차

다문화적 접근을 활용한 수업의 절차와 내용은 다음과 같다. 이러한 절차들은 상황 (학급 크기, 연령, 주제, 환경 등)에 따라 유연하게 적용해 볼 수 있다.

절차	내용
주제 정하기	• 사람들의 다른 능력, 외모, 문화, 믿음, 계층 등을 중심으로 다문화 개념과 관련된 주제를 선정하여 유아들에게 소개한다.
다양한 문화권의 자료 모으기	• 주제에 따른 내용과 관련된 사진, 그림, 글, 실물 자료 등을 모은다.
유사한 풍습 분류하기	• (생일축하, 이가 빠지면, 놀이 방법 등) 의미는 같으나 방법이 비슷하거나 다른 풍습을 분류한다.

풍습에 담긴 의미 찾기	• 나라별, 지역별로 가지고 있는 풍습의 특징을 찾아보고 그 이유를 생각해 본다. 예) 이집트의 전통의상: 뜨겁고 건조한 기후에 적응하기 위해 공기가 잘 통하는 마직 천으로 허리 아래만 간단히 두르거나 느슨하게 휘둘러 입는 의상을 착용함
같은 점과 다른 점 찾기	• 각 나라별 풍습을 비교하며 같은 점과 다른 점을 찾아본다. 예) 한복과 기모노: 다양한 색깔이 있어요. 한복은 치마가 통이 넓고 기모노는 좁아요 등 • 외국만이 아니라 우리나라의 지역이나 각 가정에 따른 생활의 차이점을 찾아본다. 예) 우리 집과 친구네 집은 김밥 만드는 방법, 생일축하 방법이 다름
선택한 풍습을 놀이로 확장하기	• 주제와 관련된 놀이 자료를 준비하고 유아가 자유롭게 선택 후 놀이활동한다.
평가하기	• 관점이 달라진 것에 대해 체크리스트 등으로 평가한다.

4) 교수-학습의 적용

앞의 절차를 적용한 교수-학습의 예시는 다음과 같다. '세계 여러 나라'는 다양한 나라의 이를 뺀 후 풍습에 대해 알아보고 그 속에 담긴 의미를 찾아보는 활동이며 다음의 '나와 가족'은 서로 다른 가족들이 저녁 시간에 하는 일에 대해 나누고 유사한 생활습관을 분류해 보는 활동이다.

생활주제	세계 여러 나라	집단형태	대·소집단	대상	4세
주제	세계 여러 나라 사람들의 생활	**사회과 관련 주제**	지구의 연계		
소주제	세계의 풍습 경험하기				
목표	• 이가 빠지고 새로운 이가 자라는 신체적인 변화에 관심을 갖는다. • 이가 빠지는 현상과 관련된 다양한 풍습의 의미를 이해한다. • 나라마다 이를 뺀 후의 풍습은 다르지만 새 이가 자라길 바라는 마음이 같다는 것을 안다.				

절차		활동내용	자료 및 유의점
도입	주제 선정하기	• 이가 빠진 경험에 대하여 이야기 나눈다. 　- ○○처럼 이를 뺀 친구가 있니? 　- ○○는 빼고 난 이를 어떻게 했니? • '이를 빼는 우리나라 풍습' 자료를 보며 이를 빼는 우리나라의 풍습에 대하여 알아본다. 　- 뺀 이는 어떻게 했을까?	자 '이를 빼는 우리나라 풍습' 자료
전개	다양한 문화권의 자료 모으기	• 이가 빠지는 현상과 관련된 여러 나라의 풍습이 담긴 '이가 빠지면 지붕 위로 던져요' 동화를 보며 이야기 나눈다. 　- 다른 나라의 친구들도 이가 빠질까? 　- 여섯 살~일곱 살이 되면 이가 빠지기 시작하는데 다른 나라에서는 빠진 이를 어떻게 할까?	자 '이가 빠지면 지붕 위로 던져요' 동화
	유사한 풍습 분류하기	• 의미는 같지만 방법이 비슷하거나 다른 풍습에 대해서 이야기 나눈다. 　- 우리나라처럼 이를 빼서 던지는 모습이 비슷한 나라는 어느 나라였니?	
	풍습에 담긴 의미 찾기	• 여러 나라의 풍습 속에 담긴 의미를 찾아본다. 　- 이를 빼고 난 후에 하는 행동이 어땠니? 왜 그런 행동을 할까? 무슨 마음을 담았을까? 　- 이가 빠진 친구들의 마음과 바람은 무엇일까? 　- 새 이가 날 때까지의 기분이 어떨까?	
	같은 점, 다른 점 찾기	• 이를 뺀 후 우리나라와 다른 나라의 같거나 다른 점에 대해 이야기 나눈다. 　- 우리나라와 어떤 점이 같고 다르니?	
	선택한 풍습을 다양한 방법으로 표현하기	• 모둠을 나누어서 표현하고 싶은 나라의 풍습을 정하여 역할극을 해 본다. 　- 재미있게 생각되는 풍습이 있는 나라를 하나씩 정하고, 같은 나라를 정한 친구들끼리 모여 역할극을 해 볼까? 어떤 것들이 필요할까? 　- 준비가 모두 되면, 같은 나라 모둠이 나와서 역할극을 소개해 보자. 　- 다른 나라의 풍습을 책이 아니라, 역할극으로 보니 어떠니?	자 역할극 소품 및 꾸미기 도구
마무리	평가하기	• 이가 빠진 후 했던 풍습에 대해 이야기 나눈다. 　- 이를 뺀 다음 했던 풍습 중 어떤 나라의 것이 기억에 남니? 왜 그러니? 　- 이를 뺀 다음 가졌던 마음들은 어떤 것일까?	

출처: 교육부, 육아정책연구소(2013). 『유아다문화이해교육프로그램』을 참고하여 수정함.

생활주제	나와 가족	집단형태	대·소집단	대상	5세
주제	가족의 생활과 문화	사회과 관련 주제	문화, 다양성		
소주제	가족의 생활 알기				

목표	• 서로 다른 가족들이 같은 시간에 하는 일에 대해 관심을 가진다. • 서로 다른 가족구성원들이 저녁을 먹고 하는 일의 차이를 비교해 본다. • 저녁시간에 다양한 가족들이 좋아하는 일을 하며 행복하다는 것을 안다.

	절차	활동내용	자료 및 유의점
도입	주제 정하기	• '가족의 저녁시간' 자료를 순서대로 제시하며 이야기 나눈다. 　- 어떤 그림이니? 　- 이 가족은 무엇을 하고 있니? 　- 이 가족은 저녁을 먹고 잠자기 전에 무엇을 할 것 같니?	자 '가족의 저녁시간' 자료
전개	다양한 문화권의 자료 모으기 (다른 가족의 생활 문화 자료 모으기)	• 자기 가족이 저녁시간에 하는 일을 그리고 소개해 본다. 　- 자기 가족들이 저녁을 먹은 다음에 무엇을 하는지 그림으로 그리고 친구들에게 소개해 보자. 자기 가족들과 비슷한 점이 있는지, 뭐가 다른지 생각하면서 들어보자. • 유아들이 그린 그림을 한눈에 볼 수 있도록 한 곳에 모두 붙인다.	자 전지, A4용지, 사인펜, 색연필, 크레파스
	유사한 풍습 분류하기	• 여러 가족들의 저녁식사 후의 모습들을 유사한 것끼리 모아 본다. 　- 우리 반 친구 가족들이 하는 모습이 모두 같니? 　- 비슷한 행동들에는 뭐가 있니?(뉴스 보기, 잘 준비하기, 일기 쓰기 등) 　- 어떤 가족들의 모습이 비슷하니?	
	풍습에 담긴 의미 찾기	• 각 가정의 모습에 담긴 의미를 이야기 나눈다. 　- 내일을 준비하는 모습 　- 가족끼리 정을 나누는 모습 등	
	같은 점과 다른 점 찾기	• 그림들을 보며 다른 가족들과의 저녁생활 모습을 비교한다. 　- 우리 가족과 다른 가족이 저녁 먹고 하는 일은 어떻게 다르니? 　- 저녁을 먹고 하는 일이 같은 친구는 누가 있니?	자 A4, 색연필, 사인펜

	선택한 풍습을 놀이로 확장하기	• 우리 가족과 저녁 먹고 새롭게 하고 싶은 내용을 실제로 집에 가서 가족들과 해 본 후, 다음 날 소개할 수 있다. • 가족들이 하는 일들의 유사성을 찾아 그래프 활동으로 하여 가장 많은 생활모습을 역할놀이할 수 있다.
마무리	평가하기	• 친구 가족이 저녁에 하는 일 중 가장 기억에 남은 일을 이야기해 본다. • 저녁을 먹고 가족이 좋아하는 일을 할 때의 기분을 이야기 나눈다. 　- 저녁을 먹고 좋아하는 일을 할 때 기분은 어떨까? 　- 서로 하는 일은 다르지만 행복한 일을 하고 있구나.

출처: 교육부, 육아정책연구소(2013). 『유아다문화이해교육프로그램』을 참고하여 수정함.

앞의 절차뿐만 아니라, 다음과 같은 방법으로도 적용해 볼 수 있다. 다음의 활동은 나라마다 아기를 업는 방법은 다르지만 아기를 안전하고 건강하게 돌보려는 공통된 마음을 인식할 수 있는 활동이다.

■ 생활주제: 나와 가족

생활주제	나와 가족	집단형태	대 · 소집단	대상	5세
주제	가족의 생활과 문화	사회과 관련 주제	문화, 다양성		
소주제	엄마 등은 따뜻해요				
목표	• 우리나라와 다른 나라의 다양한 아기 돌보는 방법을 안다. • 가족의 소중함을 느낀다. • 다양한 방법으로 아기를 업어 본다.				

절차		활동내용	자료 및 유의점
도입	흥미 유발하기	• 엄마나 가족에게 업혀 본 경험에 대해 이야기 나눈다. 　- (다양한 방법으로 아기를 업는 사진 자료를 보면서) 사진 속에 아기가 어떤 모습을 하고 있니? 　- 왜 아기를 등에 업을까? 　- 너희들도 엄마 등에 업히거나 안겨 본 적이 있니? 엄마 등에 업히면 기분이 어떠니?	자 엄마 또는 할머니가 아이를 재우는 사진, 다양한 방법으로 아기를 업는 사진
전개	풍습에 대한 의미 찾기	• 동화 '엄마 등에 업혀서' 속 그림을 보며 나라마다 업는 방법이 다양함에 대해 이야기 나눈다. 　- 에스키모 엄마는 아기를 어떻게 업었니? 　- 왜 모자에 넣어서 업었을까? 　- 파푸아뉴기니의 엄마는 왜 아기를 그물로 만든 주머니에 넣어 머리에 걸고 다녔니?	자 동화책 '엄마 등에 업혀서'(비룡소)

| 마무리 | 공유하고 평가하기 | • 아기를 안전하고 편안하게 돌보기 위해서 어떻게 해야 할지를 이야기 나눈다.
– 아기를 안전하고 편안하게 돌보는 방법에는 또 어떤 것이 있을까?
– 우리가 할 수 있는 일은 무엇일까? | |
| | 확장활동 | • 다양한 소품을 활용하여 인형 업어 보기
• 나를 돌볼 때 사용했던 도구를 수집하여 전시하기
• 우리 가족이 나를 돌보았던 경험 조사하기
• 엄마에게 감사의 편지 쓰기 | |

출처: 김영옥 외(2011). 유아다문화교육의 이론과 실제. 서울: 학지사. 참고하여 수정함.

5) 평가

다문화적 접근하기 활동 후 다음의 관점을 고려하여 유아를 평가할 수 있다.

- 나와 다른 점에 관심을 갖고 수용하는가?
- 여러 지역이나 다른 나라의 각기 다른 생활모습에 관심을 갖는가?
- 다른 사람의 모습이나 상황을 이해하는가?

6) 참고

(1) 생활주제와 적용
생활주제와 관련하여 적용 가능한 활동은 다음과 같다.

생활주제	적용활동
건강과 안전	• 빵은 세계 여러 나라에서 먹고 있어요 – 세계 어느 나라에서나 빵을 먹으며 빵의 모양, 크기 맛 등 종류가 다양함을 알아본다.
환경과 생활	• 실로 조각을 이어서 물건을 만들어요 – 옷감 조각을 재활용한 조각보, 텐트, 작은 수납함 등 각 나라의 여러 소품을 알아본다.
생활도구	• 필요한 물건을 만들어 쓸 수 있어요 – 여러 나라마다 직접 만들어 쓰는 물건이 있고 물건을 만드는 방법과 재료를 조사해 본다.

| 봄 · 여름 · 가을 · 겨울 | • 모자는 여러 가지 용도로 쓰이고 있어요
　- 소방관, 요리사, 야구모자 등 모자의 용도부터 각 국의 모자 종류를 알아본다. |

(2) 기타 자료

누리과정 영역별로 적용 가능한 다문화적 접근활동은 다음과 같다.

영역	다문화적 접근활동
신체운동 · 건강영역	• 안전하게 생활하기-몸과 주변을 깨끗이 하기(여러 지역이나 다양한 생활 문화권에서 몸과 주변을 청결하게 하는 습관, 태도 등을 알아보고 이해한다.)
사회관계영역	• 다른 사람과 더불어 생활하기-공동체에서 화목하게 지내기(사람은 각기 다른 성격과 모습과 생각, 생활양식이나 문화를 가진다는 것을 알고 이를 존중하며 더불어 지낸다.) • 사회에 관심 갖기-우리나라에 관심 갖고 이해하기(우리나라의 다양한 상징물, 고유의 명절 풍습, 민속놀이를 접하여 친밀감을 가지게 함으로써 우리나라의 전통놀이가 신나고 즐거운 것임을 아는 기회를 제공한다.) • 사회에 관심 갖기-세계와 여러 문화에 관심 가지기(세계 여러 나라 사람과 그들의 생활풍습에 관심을 갖고 다양한 문화를 접하고 존중함으로써 편견을 가지지 않고 수용하는 태도를 가진다.) • 다른 사람과 더불어 생활하기-사회적 가치를 알고 지키기(어떤 사회문화권에서도 질서는 더불어 살아가는 삶의 출발점인 동시에 사회를 유지시키는 데 기본이 된다. 질서를 지켜야 하는 이유와 그 방법에 대해 알고 실천한다.)
의사소통영역	• 듣기-동요, 동시, 동화 듣고 이해하기(전래동화, 전래동요는 각 민족의 문화와 역사의 뿌리가 될 수 있는 중요한 문화적 유산이다. 따라서 전래동화, 전래동요를 즐겨 들려줌으로써 문화적 다양성을 이해할 수 있다.)
자연탐구영역	• 과학적 탐구하기-간단한 도구와 기계 활용하기(우리의 생활에 직접적인 영향을 끼치는 간단한 도구와 기계를 통하여 옛날과 오늘, 우리나라와 다른 나라의 삶과 문화를 탐색해 보는 경험을 가진다.)
예술경험영역	• 아름다움 찾아보기-움직임과 춤 요소 탐색하기(한국무용이나 발레, 왈츠, 벨리 댄스와 같은 다른 나라의 민속춤 등을 통하여 춤과 움직임 요소에 관심을 가지며 부드러운 동작, 연속성과 비연속성 등의 탐색이 가능하다.) • 예술 감상하기-다양한 예술 감상하기(다양한 문화와 지역의 음악이나 춤, 미술작품, 극놀이 등을 감상하며 느낌과 생각을 나누는 경험을 가진다.)

출처: 김영옥(2017). 유치원원장자격연수교재. 서울교육대학교.

에드가 드가의 '무대 위의 무회'를 표현하는 유아들

	정보를 얻는 장소를 지도로 그리기	– 할머니께 편지 쓰기, 묘지 주변 그리기, 주변의 동식물 조사하기, 무덤 조사하기, 주변의 쓰레기 줍기 – 비석 조사하기, 비문 읽어 보기, 비문 베끼기 – 묘지, 비석, 주변 사진 찍기 • 디지털카메라로 찍은 지나온 길 회상하며, 묘지에서 유치원 오는 길을 지도로 그려 본다.	유 길 주변의 물체와 자연도 표현
마무리	수집한 자료 공유 후 평가하기	• 활동을 통해 얻은 작품 전시해 본다. 　– 지도 전시하기, 조사지, 편지 공유하기 • 수집 자료를 탐색해 본다. 　– 과학, 조형영역에 두어 계속 탐색하기 • 경험을 공유하고 비석 만들기를 해 본다. 　– 디지털카메라로 찍은 비석과 다른 나라 비석 사진을 보며 비석이 왜 필요한지 이야기 나누기 　– 비석 없는 무덤에 비석 만들어 주기	유 자료 전시를 계획하고 역할 나누어 전시 준비

5) 평가

현장학습 활동 후 다음의 관점을 고려하여 유아를 평가할 수 있다.

- 안전한 장소인가?
- 유아의 흥미와 발달에 적합한 장소인가?
- 유아에게 교육적으로 가치가 있는 장소인가?
- 현장학습의 경험을 다양하게 표상하였는가?

6) 참고

(1) 생활주제와 적용

생활주제와 관련하여 적용 가능한 활동은 다음과 같다.

생활주제	적용활동	
유치원과 친구	• 우리 유치원 원장실 • 우리 유치원 다른 교실	• 우리 유치원 꽃밭 • 이웃 유치원
나와 가족	• 학교 체육대회 • 노인정	• 부모님 직장 • 초등학교
우리 동네	• 공원의 호숫가와 잔디 • 신발가게 • 문구점	• 슈퍼마켓 • 아파트 모델하우스 • 인테리어하우스
동식물과 자연	• 동물원 • 양계장 • 동물병원	• 큰 나무 밑 • 갯벌 • 고구마 밭
건강과 안전	• 약국 • 치과 • 경찰서	• 목욕탕 • 헬스장 • 목장과 우유공장
생활도구	• 방앗간 • 미용실 • 사진관	• 구두 수선집 • 자전거 수리점 • 세탁소
교통기관	• 버스터미널 • 공항 • 교통공원	• 선착장 • 세차장 • 운전면허 시험장
우리나라	• 민속박물관 • 김치박물관 • 떡 방앗간	• 종이박물관 • 한복가게 • 사물놀이 연습장소
세계 여러 나라	• 영어학원 • 외국문화원	• 중국음식점 • 패스트푸드점
환경과 생활	• 고물상 • 재활용 중고 시장 • 재활용 종이 공장	• 무공해 비누 공장 • 쓰레기 분리수거장 • 중고가구 수선 공장
봄, 여름, 가을, 겨울	• 딸기하우스 • 물놀이장 • 기상청	• 고구마 밭 • 눈썰매장 • 완두콩밭

출처: 김영옥, 홍혜경(2003). 유아를 위한 견학 활동-생활 주제에 의한 현장 학습. 서울: 창지사에서 발췌함.

(2) 기타 자료

<묘지 방문>

할머니가 어디로 가셨는지 토론 후 그린 그림

묘지의 풀 뽑기

제사 지내기 위해 상 차리기

큰절하기

음료수 뿌리기

기도하기

만 5세 김미지

　할머니께, 할머니 제 이름은 미지예요. 할머니 다시 태어나서 어린이로 만나요. 다시 태어나요. 그리고 할머니로 있을 때 친구해요. 할머니 안녕히 계세요. 안녕히 계세요.

　　　　　　　　　　　　김미지 올림

할머니께 편지 쓰기

비석 베끼고 비석 닦기

지도 그리기

만 3세 유아들이 묘지를 다녀와서 지도 그리기   만 4세 유아들이 묘지를 다녀와서 지도 그리기

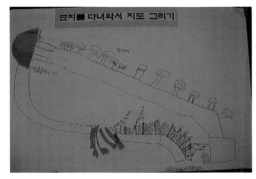

만 5세 유아들이 묘지를 다녀와서 지도 그리기

비석을 만들어 무덤에 세워 주기

출처: Young Ok Kim, & Mi Ja Park (2007). A Study on Teaching-Learning Methods for Young Children's Concept of Death. *International Journal of Early Childhood Education*, *13*(1), 127–143.

교수-학습 확장하기

- 현장체험이 가능한 생활 주변의 장소를 찾아보기

  예 큰 고목나무 밑, 유아교육기관 원장실, 주방 등

- 현장체험을 사전경험과 연계하고 확장하기

Chapter **07**

사회적 능력 평가하기

유아교육현장에서 평가 대상은 유아, 교사, 교육과정이 대표적이다. 평가 결과를 통하여 유아와 교사의 질적인 성장을 도모하고, 의도한 교육목표가 충실하게 실시되었는지를 점검하기 위해 주로 진단평가, 형성평가, 총괄평가가 실시된다. 진단평가란 유아의 여러 가지 행동을 결정하기 위한 자료를 수집한 것이며, 형성평가란 교수-학습이 전개되어 가고 있는 중에 교육목표를 달성하고 있는지를 평가하기 위한 것이다. 총괄평가는 한 학기 혹은 1년의 교육과정이 종결되었을 때 유아의 행동 변화를 최종적으로 평가하는 것이다.

사회적 능력을 평가하는 다양한 방법과 도구들에는 평정척도, 조사지, 서술형 기록지, 면담 기록지 등 여러 유형들이 사용되고 있다. 이 장에서는 현장에서 활용하고 있는 평가도구의 예를 소개하였다. 다음의 도구들은 친사회적 행동, 학습 관련 사회적 기술, 사회과학 개념 등에 관한 것으로 유아교육기관의 특성이나 유아의 특성, 교사의 관심 등을 고려하여 기존의 도구들을 필요에 따라 사용할 수 있다.

■ 유아의 친사회적 행동 검사 도구

문항	전혀 그렇지 않다 1	그렇지 않다 2	보통 이다 3	그렇다 4	매우 그렇다 5
1. 화난 행동 자제하기					
2. 책임감을 가지고 행동하기					
3. 갈등 상황에서 정직하게 행동하기					
4. 만족 지연하기					
5. 놀이와 공간에 대해 자긍심 나타내기					
6. 또래의 좋은 행동(말) 칭찬하기					
7. 어려움에 처한 또래 격려하기					
8. 미안함/고마움 표현하기					
9. 또래에게 놀잇감, 물건, 기회 주기					
10. 또래의 과제 돕기					
11. 또래의 어려운 상황(사회적 상황) 인식하고 돌보기					
12. 함께 놀이하기					
13. 공동과제 해결하기					
14. 교실의 허드렛일(힘들고 하기 싫은 일) 참여하기					
15. 또래의 수용되지 못한 적절한 생각 인정하기					
16. 또래의 어려움에 관심 가지기					
17. 또래의 말(약속) 믿고 행동하기					
18. 놀이 집단에 참여의사 나타내기					
19. 또래와 상호 의사소통하기					
20. 다툼 없이 함께 놀이하기					
21. 또래와 놀이에 대해 대화하기					
22. 또래의 의견을 수렴하고 함께 놀기					
23. 또래의 놀이나 행동에 관심을 가지고 말하기					

문항	전혀 그렇지 않다 1	그렇지 않다 2	보통 이다 3	그렇다 4	매우 그렇다 5
24. 도움 요구하기					
25. 또래에게 기회 물건 배려하기					
26. 양보하기					
27. 또래의 감정 위안하기					
28. 놀이 규칙이나 생활 예의 지키기					
29. 놀이 정보 제공하기(놀이에 대한 자신의 의견 제공)					
30. 화해하기					
31. 또래에게 미소 보이기					
32. 놀이의 의사를 보이는 신체적 접촉하기					
33. 또래에 대한 좋은 느낌 표현하기					
34. 또래에게 친절하게 대하기					
35. 친밀하게 부르기					
36. 장소 나누기					
37. 기회 나누기					
38. 소유물 나누기					
39. 또래의 정서에 관심 가지기					
40. 또래의 감정(생각)에 공감하기					
41. 또래에게 우호적으로 접근하기					
42. 격한 감정을 가라앉혀 나타내기					

출처: 김영옥(2003). 유아의 친사회적 행동 평가 척도 개발 연구. 아동학회지, 24(5), 105-118.

■ 유아 자아개념 검사 도구

문항	긍정적	부정적
1	나는 화날 때 친구에게 왜 화가 났는지 이야기해	나는 화날 때 그냥 혼자 방에 있거나 친구에게 괜히 짜증 부려
2	나는 선생님이 나에게 말을 걸어오시면 즐거워	나는 선생님이 나에게 말을 걸어오시면 겁이 나
3	나는 몸이 튼튼해	나는 몸이 약해
4	나는 행복해	나는 행복하지 않아
5	나는 친구에게 이야기를 재미있게 해 줄 수 있어	나는 친구에게 이야기를 재미있게 해 줄 수 없어
6	나는 싫어하는 친구가 옆에 있어도 함께 놀아	나는 싫어하는 친구가 옆에 있으면 짜증 부려
7	나는 길에서 선생님을 만나면 반갑게 인사할 거야	나는 길에서 선생님을 만나면 못 본 척 지나갈 거야
8	나는 힘이 세	나는 힘이 약해
9	나는 좋은 아이야	나는 나쁜 아이야
10	나는 이야기를 듣고 어떤 느낌이 들었는지 말할 수 있어	나는 이야기를 듣고 어떤 느낌이 들었는지 말하기 힘들어
11	나는 기분이 상해도 친구와 계속 놀아	나는 기분이 상하면 친구랑 그만 놀아버려
12	엄마, 아빠는 나에게 친절해	엄마, 아빠는 나에게 친절하지 않아
13	나는 음식을 골고루 잘 먹어	나는 먹기 싫은 음식은 안 먹어
14	나는 항상 기뻐	나는 슬플 때가 많아
15	나는 다른 사람이 이야기하는 것을 열심히 들어	나는 다른 사람이 이야기하는 것을 열심히 듣지 않아
16	나는 슬플 때 노래를 부르거나 재밌는 그림책을 읽어	나는 슬플 때 주위 사람들을 귀찮게 해
17	나는 주말에 가족과 함께 보내는 시간이 즐거워	나는 주말에 가족과 함께 보내는 시간이 싫어
18	나는 오랫동안 운동할 수 있어	나는 오랫동안 운동할 수 없어
19	나는 잘 울지 않아	나는 잘 울어

문항	긍정적	부정적
20	나는 고장 난 장난감을 고칠 수 있어	나는 고장 난 장난감을 고칠 수 없어
21	우리 가족은 나를 잘 보살펴 줘	우리 가족은 나를 잘 안 챙겨줘
22	나는 여러 동물을 몸으로 흉내 낼 수 있어	나는 여러 동물을 몸으로 흉내 내지 못해
23	나는 걱정이 없어	나는 걱정이 많아
24	나는 동물을 많이 알아	나는 동물을 잘 몰라
25	나는 가족들과 사이좋게 지내	나는 가족들과 사이좋게 지내지 않아
26	나는 바깥놀이 때 뛰는 게 좋아	나는 바깥놀이 때 뛰는 게 싫어
27	나는 선생님이 나를 불러도 무섭지 않아	나는 선생님이 나를 부르면 무서워
28	나는 로봇이 어떻게 움직이는지 궁금해	나는 로봇이 어떻게 움직이는지 궁금하지 않아
29	나는 공을 가지고 노는 게 즐거워	나는 공을 가지고 노는 게 재미없어
30	나는 실수했을 때 화가 나지 않아	나는 실수했을 때 화가 나
31	나는 내가 그리고 싶은 것들을 잘 그릴 수 있어	나는 내가 그리고 싶은 것들을 그릴 수 없어
32	나는 친구에게 잘못했을 때 사과하고 친구가 용서해 주면 기분이 좋아	나는 친구에게 실수했을 때 그냥 내버려 둬
33	난 유치원에 친구들이 많이 있어	난 유치원에 친구들이 별로 없어
34	나는 거울을 보면 즐거워	나는 거울을 보면 즐겁지 않아
35	나는 항상 기분이 좋아	나는 항상 기분이 안 좋아
36	나는 노래를 부르는 것이 즐거워	나는 노래를 부르는 것이 싫어
37	친구들은 나하고 같이 놀고 싶어 해	친구들은 나하고 안 놀고 싶어 해
38	나는 나보다 키가 큰 사람을 만나도 무섭지 않아	나는 나보다 키가 큰 사람을 만나면 무서워
39	엄마가 새 옷을 사다 주면 기뻐	엄마가 새 옷을 사다 주셔도 기쁘지 않아
40	나는 춤추는 것이 즐거워	나는 춤추는 것이 싫어
41	친구들은 나에게 친절해	친구들은 나에게 친절하지 않아
42	나는 예쁘게 생긴 곳이 있어	나는 예쁘게 생긴 곳이 없어
43	나는 꽃을 보면 즐거워	나는 꽃을 봐도 즐겁지 않아

문항	긍정적	부정적
44	나는 동화를 듣고 나서 역할놀이를 잘할 수 있어	나는 동화를 듣고 나서 역할놀이를 잘 못해
45	친구들은 유치원에서 나를 안 괴롭혀	친구들은 유치원에서 나를 괴롭혀
46	나는 예쁘다/잘생겼다는 말을 자주 들어	나는 예쁘다/잘생겼다는 말을 안 들어 봤어
47	나는 친구가 기분이 좋은지 나쁜지 알 수 있어	나는 친구가 기분이 좋은지 나쁜지 잘 모르겠어
48	나는 물건의 같은 점과 다른 점을 잘 구별할 수 있어	나는 물건의 같은 점과 다른 점을 잘 구별하지 못해
49	나는 머리 모양이 예뻐	나는 머리 모양이 안 예뻐
50	나는 엄마가 왜 화가 나셨는지 알 수 있어	나는 엄마가 왜 화가 나셨는지 모르겠어
51	나는 물건의 개수를 셀 수 있어	나는 물건의 개수를 셀 수 없어
52	나는 어려운 일이 생긴 친구를 도와줄 거야	나는 어려운 일이 생긴 친구를 안 도와줄 거야
53	나는 키가 커	나는 키가 작아
54	나는 선생님이 화나신 걸 알 수 있어	나는 선생님이 화나신 걸 알 수 없어
55	나는 어른들께 예의 바르게 행동해	나는 어른들께 버릇없이 행동해
56	친구들은 나에게 중요한 비밀을 말해	친구들은 나에게 중요한 비밀을 말하지 않아
57	나는 내가 좋아하는 놀이를 알고 있어	나는 내가 무슨 놀이를 좋아하는지 모르겠어
58	나는 차례를 잘 지켜	나는 차례를 잘 안 지켜
59	나는 게임에서 지면 이긴 친구를 축하해 줘	나는 게임에서 지면 이긴 친구가 미워
60	사람들은 나를 좋아해	사람들은 나를 좋아하지 않아
61	나는 기분이 좋을 때 웃어	나는 기분이 좋아도 잘 안 웃어
62	나는 내가 오늘 할 일을 순서대로 잘 알고 있어	나는 내가 오늘 할 일을 순서대로 잘 알지 못해
63	나는 새로운 친구들과 노는 걸 좋아해	나는 새로운 친구들과 놀고 싶지 않아
64	나는 어려운 퍼즐을 다 맞추면 기분이 좋아	나는 어려운 퍼즐은 하기 싫어
65	내 친구들은 우리 집에 놀러오면 나랑 놀아	내 친구들은 우리 집에 놀러오면 내 장난감만 가지고 놀아

문항	긍정적	부정적
66	나는 그림을 보고 느낌을 말할 수 있어	나는 그림을 보고 그 느낌을 이야기하지 못해
67	나는 유치원에서 놀이나 활동을 열심히 해	나는 유치원에서 놀이나 활동을 열심히 안 해
68	새로운 사람이 우리 집을 방문하면 나는 내 장난감을 보여 줘	새로운 사람이 우리 집에 오시면 나는 엄마, 아빠에게 달려가
69	나는 모든 일을 잘할 수 있어	나는 모든 일을 잘하지 못해
70	나는 새로운 장난감을 가지고 놀기를 좋아해	나는 새로운 장난감을 가지고 노는 게 싫어
71	나는 친구에게 화가 나면 기분 나쁘다고 이야기해	나는 친구에게 화가 나도 이야기하기 힘들어
72	나는 새로운 사람을 만나도 부끄럽지 않아	나는 새로운 사람을 만나면 부끄러워
73	나는 책 보는 것이 재미있어	나는 책 보는 것이 재미없어

출처: 이현경(2004). 유아 자아개념 검사도구 개발 및 프로그램 효과 연구. 전남대학교 대학원 박사학위논문.

■ 유아의 학습과 관련된 사회적 기술 검사 도구(K-LRSS)

번호	○○○ 유아는……	전혀 하지 않는다 1	거의 하지 않는다 2	가끔 한다 3	자주 한다 4	항상 한다 5
1	교사의 지시에 따른다.					
2	친구를 쉽게 사귄다.					
3	도움을 요청하기 이전에 먼저 스스로 문제를 해결하기 위해 노력해 본다.					
4	친구들의 놀림에 잘 대처한다.					
5	부당한 규칙에 대해서는 이의를 제기한다.					
6	주어진 과제에 대하여 교사에게 도움을 청하기 이전에 본인이 먼저 시도해 본다.					
7	두 가지 이상의 단계(즉, 자르고 붙이기)가 있는 활동을 조직적으로 완성한다.					
8	성인과 갈등이 있을 때 자신의 기분을 스스로 조절한다.					
9	과제를 성공적으로 완성한다.					
10	게임이나 집단활동에 참여한다.					
11	과제를 정확히 해낸다.					
12	처음 보는 사람에게 자신을 소개한다.					
13	과제에 집중한다. 즉, 주변 활동에 의해 쉽게 방해받지 않는다.					
14	자발적으로 친구들과 협동한다.					
15	(교사로부터 별도의 주의를 받지 않아도) 지시에 따라 적절한 활동을 시작한다.					
16	게임이나 활동을 할 경우 자신의 차례를 기다린다.					
17	교사의 도움을 기다리는 시간에도 적절한 활동을 찾아한다.					
18	자신이 하는 일에 충분한 시간을 갖고 최선을 다한다.					
19	자유놀이시간을 적절히 활용한다.					

검사 내용	문항 내용	보조 연구 자료

17. 상품과 서비스의 다른 점을 구분한다.

17. (각 예시 그림을 설명해 준 후) 다음 그림은 일하는 사람과 그 사람이 만든 물건으로 짝지어져 있어. 그런데 일하는 사람이 만들지 않은 물건으로 짝지어져 있는 것이 있네. (요리사, 목수, 어부, 농부 그림을 각각 가리키며) 이 사람은 ○○을 만드니?

〈그림 자료 10〉
요리사-컴퓨터, 목수-집, 어부-물고기, 농부-자동차

18. 물건이 나오는 장소 (생산지)를 구분한다.

〈지시문〉
〈그림 자료 11-1〉의 빈칸에 〈그림 자료 11-2〉 그림 카드 3장(사과잼, 밥, 우유)을 각각 놓아 보게 한다.

18. (그림 카드를 가리키며) 여기에는 논, 동물농장, 과수원이 있구나. 다음 음식들(사과잼, 밥, 우유)은 어디에서 오는 것일까? 음식이 나오는 곳에 각 그림 카드를 놓아 보자.

〈그림 자료 11-1〉
논, 동물농장, 과수원

〈그림 자료 11-2〉 그림 카드(5×5cm) 3장-사과잼, 밥, 우유

④ 화폐

검사 내용	문항 내용	보조 연구 자료

19. 놀잇감과 화폐를 구분한다.

〈지시문〉
실제 화폐, 놀이용 화폐를 보여 준다.
놀이용 화폐를 가리킨다.

19. 어떤 돈을 더 갖고 싶니? 이(놀이용 돈) 돈으로 가게에 가서 물건을 살 수 있을까?('아니요'라고 응답한 경우) 왜 사지 못하는 걸까?

〈실물 자료 4〉
실제 화폐(1,000원, 500원, 100원, 10원 각 1개), 놀이용 화폐(1,000원, 500원, 100원, 10원 각 1개)

20. 화폐에는 각각 다른 가치가 있다.

〈지시문〉
① 500원 1개/100원 1개를 먼저 제시하여 질문한 후
② 500원 1개/100원 1개, 50원 2개, 10원 3개를 제시하여 질문한다.

20. 너는 다음과 같이 돈을 가지고 있어. 이것 중에서 어떤 것으로 더 많은 물건을 살 수 있을까?

〈실물자료 5〉
① 100원 1개/500원 1개
② 500원 1개/100원 1개, 50원 2개, 10원 3개

검사 내용	문항 내용	보조 연구 자료
21. 화폐 가치는 물건에 따라 달라진다.	〈지시문〉 휴대전화와 연필 한 자루를 제시한다. 21. 이 물건(휴대전화)과 이 물건(연필 한 자루) 중 어떤 것이 더 비쌀까?('휴대전화'라고 응답한 경우) 왜 휴대전화의 가격이 이 연필보다 더 비쌀까?	〈실물자료 6〉 비싼 물건(휴대전화)과 값이 싼 물건(연필 한 자루)
22. 미래를 위해 돈을 저축할 수 있다.	22. 네가 갖고 싶은 것은 무엇이니? 그런데 지금 너에게 돈이 없거나 네가 갖고 있는 돈으로는 그것을 살 수가 없어. 그러면 너는 나중에 그것을 사기 위해 어떻게 하겠니?	없음

⑤ 직업과 일

검사 내용	문항 내용	보조 연구 자료
23. 지역사회(병원, 우체국, 경찰서, 소방서)에는 다양한 일을 하는 사람이 있다.	〈지시문〉 〈그림 자료 12-1, 12-2〉를 제시한다. 〈그림 자료 12-1〉 위에 그림 카드 4장(경찰관, 의사, 소방관, 우체부)을 각각 놓아 보게 한다. 23. 다음 그림은 우리 동네에 있는 기관이야. 우리 동네 각 기관에서 일하는 사람을 그림 카드에서 찾아서 각 기관 그림 위에 놓아 볼래?	〈그림 자료 12-1〉 병원, 우체국, 경찰서, 소방서 〈그림 자료 12-2〉 그림 카드(5×5cm) 4장-경찰관, 의사, 소방관, 우체부
24. 각각의 직업에 종사하는 사람들에게 필요한 물건이 있다.	〈지시문〉 〈그림 자료 13-1, 13-2〉를 제시한다. 〈그림 자료 13-1〉 위에 그림 카드 4장(빗자루와 쓰레받기…… 청진기, 축구공, 우체부 가방)을 각각 놓아 보게 한다. 24. 다음 그림에 있는 각각의 사람이 일을 하기 위해 필요한 물건을 그림 카드에서 찾아서 일하는 사람의 그림 위에 놓아 볼래?	〈그림 자료 13-1〉 우체부, 축구선수, 환경미화원, 의사 〈그림 자료 13-2〉 그림 카드(5×5cm) 4장-빗자루와 쓰레받기, 청진기, 축구공, 우체부 가방

⑥ 가격과 교환

검사 내용	문항 내용	보조 연구 자료
25. 모든 물건에는 적절한 가격이 있다.	25. ○○의 어머니는 사과를 사러 과일 가게에 갔어. 그런데 사과는 200원인데 500원짜리 동전이 있는 거야. 그래서 ○○의 어머니는 과일 가게 주인에게 500원을 주었어. 이렇게 손님이 주인에게 물건의 값보다 더 많은 돈을 준다면 가게 주인은 어떻게 할까?	〈그림 자료 14〉 과일 가게에서 물건의 값을 치르는 장면
26. 자신이 가지고 있는 물건과 다른 사람이 가지고 있는 물건을 직접 바꾸는 것이 물물교환이다.	26. 유진이는 스케치북 두 권을 가지고 있고, 영미는 색연필 두 자루를 가지고 있어. 그런데 유진이와 영미는 그림을 그리고 싶대. 영미와 유진이는 어떻게 해야 할까? 왜 그렇게 할까?	〈그림 자료 15〉 유진이는 스케치북 두 권이 있고, 영미는 색연필 두 자루를 가지고 책상에서 그림을 그리려고 하는 장면
27. 공정한 교환을 위해서는 돈이 필요하다.	27. 유진이는 곰인형을 가지고 있고, 호진이는 장난감 시계를 가지고 있어. 둘이 서로 물건을 바꾸려고 해. 그런데 갑자기 호진이는 자신의 시계가 더 비싸다며, 바꾸고 싶어 하지 않는 거야. 그러면 유진이는 호진이의 장난감 시계를 갖기 위해 어떻게 해야 할까? 왜 그럴까?	〈그림 자료 16〉 유진이가 곰 인형을 들고 있고, 호진이는 장난감 시계를 들고 서로 마주 보고 있는 장면

⑦ 시장

검사 내용	문항 내용	보조 연구 자료
28. 시장은 상품이나 서비스를 사고파는 곳이다.	〈지시문〉 〈그림 자료 19〉의 그림 카드 3장(과일가게, 미용실, 채소가게)을 제시한다. 28. ○○이는 엄마와 함께 시장에 갔어. 그곳에는 여러 가지 가게들이 있었단다. 그런데 다음 그림에서처럼 두 가게와는 다른 한 가게가 있구나. 어떤 가게가 두 가게와 다르니?(유아가 가리킨 가게와 두 가게를 구분해 놓고) 이 가게는 두 가게와 어떻게 다르니? 말해 줄 수 있겠니?	〈그림 자료 17〉 그림 카드(5× 5cm) 3장-과일 가게, 미용실, 채소가게

29. 물건이나 서비스를 사고파는 사람이 시장에 있다.	29. 다음 그림에 있는 경찰관과 간호사는 어떤 일을 할까? 네가 말한 것 말고 또 어떤 일을 할까? 한 가지만 더 말해 줄 수 있니?	〈그림 자료 18〉 경찰관, 간호사
30. 시장에서 가격이 결정된다.	30. 이 빵 가게에는 오늘까지 팔지 않으면 상해서 버려야 하는 빵이 많이 있어. 그런데 빵을 사려는 손님은 없는 거야. 그러면 이 빵 가게 주인은 이 빵을 팔기 위해 빵의 가격을 어떻게 해야 할까?('가격을 내린다'라고 응답한 경우) 왜 그럴까?	〈그림 자료 19〉 빵은 많이 있는데 손님이 없는 빵 가게 장면과 손님이 많은 빵 가게 장면
31. 시장에서 똑같은 물건이나 비슷한 물건을 파는 사람이 많이 있다면, 경쟁이 이루어진다.	31. 별빛 신발 가게가 운동화 가격을 1,000원에서 500원으로 내렸다면 햇살 신발 가게는 운동화를 더 많이 팔기 위해 가격을 어떻게 해야 할까?('가격을 내린다'라고 응답한 경우) 또 다른 방법은 없을까?	〈그림 자료 20〉 별빛 신발 가게, 햇살 신발 가게

출처: 박미자(2008). 유아 경제개념 검사도구 개발연구. 전남대학교 대학원 박사학위논문.

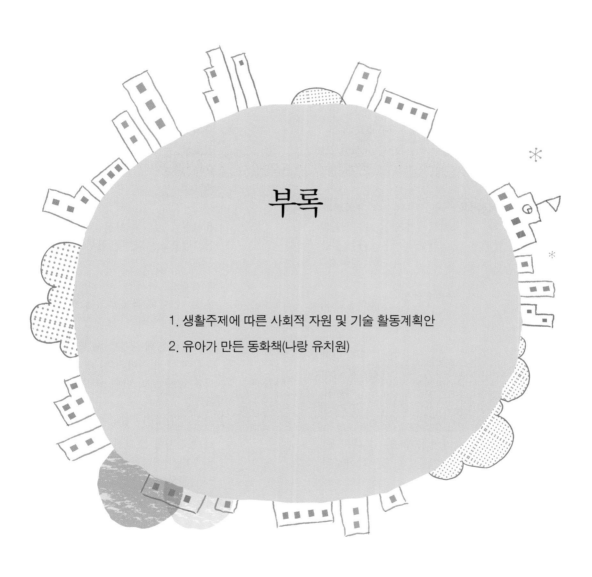

부록

1. 생활주제에 따른 사회적 자원 및 기술 활동계획안

번호	생활 주제	활동 주제	활동명	사회적 자원/기술	활동 방법
1	유치원 과 친구	유치원의 환경	유치원에는 누가 일하나요?	그래프	• 유치원 구성원의 조직표를 순서도로 나타내어 본다. • 우리 학급 역할 담당 조직표를 순서도로 나타내어 본다.
2			유치원 안내 지도 만들기	지도 그리기	• 우리 집에서 유치원 가는 길의 지도를 그려 본다. • 유치원을 안내하는 지도를 그려 본다.
3		유치원에서의 하루	유치원과 우리 집의 다른 점을 찾아요	그래프	• 유치원과 집의 차이점을 벤다이어그램으로 나타내어 본다.
4		유치원에서 만난 친구	유치원의 역사	그래프	• 유치원의 역사를 시각적으로 볼 수 있도록 플로우차트(flow chart)를 만들어 본다.
		함께 만드는 유치원	우리 반에 필요한 규칙을 알아봐요	규칙 만들기	• 교실에서 함께 생활할 때 필요한 규칙에 대해 이야기 나눈 뒤 토의를 통해 우리 반의 규칙을 만든다.
5	나와 가족	나의 몸과 마음	나의 몸 알아보기	초청강사	• 병원, 보건소 등 몸과 관련된 직업의 강사를 초청한 뒤 우리의 몸에 대한 이야기를 듣고 궁금한 점을 질문한다.
		소중한 가족의 생활과 문화	우리 가족 소개 I	그래프	• 가족 그래프를 만들어 가족을 소개한다.
6			우리 가족 소개 II	신문	• 우리 가족 소개, 집안 행사 등에 관련된 내용으로 가족신문을 만든다.
7			동화책 속에서의 가족 이야기	도서	• '세상에서 제일 힘센 수탉'의 내용을 통해 가족사에 대해 알아본다.

번호	생활 주제	활동 주제	활동명	사회적 자원/기술	활동 방법
8			물건을 사 봐요	의사결정	• 사고 싶은 물건의 목록을 작성하고 계획한 물건을 직접 구입해 본다.
9	우리 동네	우리 동네의 모습과 생활	우리 동네 지도 만들기 I	지도 그리기	• 집에서 유치원까지 가는 길을 그리고 교통표지판, 유치원과 유아의 집, 유아가 자주 가는 장소를 만들어 지도로 꾸며 본다.
			우리 동네 지도 만들기 II	모래상자	• 모래상자 안에 우리 동네 지도를 만들어 본다.
10		우리 동네 사람들	편지는 어디에서 나요?	현장학습	• 우체국에 방문해 우체국이 하는 일을 알아보고 우체국에서 일하는 분에게 궁금한 점을 질문한다.
11		우리 동네 전통과 문화	할머니가 있었어요	현장학습	• 할머니 묘지를 방문하여 비석, 비문, 묘지 주변 환경을 조사한다.
12	봄 · 여름 · 가을 · 겨울	여름	여름방학을 보내고	신문	• 방학 동안 지낸 일들을 서로 이야기하고 여름방학 동안의 특징을 살려서 우리 반 방학신문을 만들어 본다.
13		가을	추석에는 무슨 일을 하나요?	융판	• '솔이의 추석이야기' 책을 읽고 추석 명절을 지내는 과정을 알아본다.
14		겨울	세계의 크리스마스	발견 학습	• 전 세계의 다양한 크리스마스 풍습과 모습들을 조사해서 알 수 있다.
15		깨끗한 나와 환경	깨끗한 우리 교실	의사 결정	• 우리 교실을 더럽히는 원인에 대해서 브레인스토밍하고 우리가 교실을 깨끗하게 할 수 있는 최고의 방법을 결정할 수 있다.
16	건강과 안전	즐거운 운동과 휴식	건강하게 지내려면?	질문하기	• 보건선생님께 건강하게 지내는 방법과 건강에 관한 질문 목록들을 모아 본다.
17		안전한 놀이와 생활	나의 몸은 소중해요	도서	• '나의 몸은 소중해요'라는 동화책을 읽고 나의 몸은 왜 소중한지, 어떻게 소중하게 다루어야 하는지를 이야기해 본다.

번호	생활 주제	활동 주제	활동명	사회적 자원/기술	활동 방법
18	동식물과 자연	동물과 우리 생활	동물원 가는 길 그리기	지도 그리기	• 동물원 가는 길의 주변의 모습을 중심으로 지도로 표현해 본다.
19			유치원에서 기르는 동물	도서	• '브레멘의 음악대'를 읽고 동물들이 하는 일에 대한 검색도표를 완성한다.
		궁금한 동식물	식물의 성장	시간의 변화	• 강낭콩 기르기를 통해 관찰 일지를 기록하면서 시간의 흐름에 따른 변화를 이해한다.
20	교통 기관	교통기관의 종류와 변천과정	교통발달 모습을 살펴보아요	융판	• '작은 집 이야기'를 듣고, 작은 집 주변이 도시로 변해 가는 모습과 교통의 발달 모습을 융판을 활용해서 알 수 있다.
21		교통통신과 교통생활	교통표지판이 궁금해요	질문하기	• 다양한 교통표지판을 관찰하고 교통표지판에 대해서 궁금한 점들을 경찰아저씨에게 물어볼 수 있도록 질문 목록을 만들어 본다.
			교통기관에서 일하는 사람들	역할놀이	• 교통기관과 관련된 직업들을 알아보고 각자 역할을 정한 뒤 역할놀이를 한다.
22	환경과 생활	환경과 우리생활	재생종이 만들기	융판	• 종이를 만드는 과정과 재생 종이를 만드는 과정에 대해서 융판에 순서대로 나열해 볼 수 있다.
23		다양한 생활도구	시계가 없다면……	의사 결정	• 우리 교실에 시계가 없다면 어떻게 시간을 알 수 있을지 의견을 모아서 최선의 방법을 결정하고 실행해 본다.
24	생활 도구	다양한 생활도구	박물관을 다녀왔어요	박물관	• 박물관을 견학하고 박물관에서 보았던 옛날의 여러 가지 기구들과 지금의 기구들을 짝지어 비교할 수 있다.
			누가 만들었을까요?	역사적 인물	• 컴퓨터가 우리에게 주는 편리함에 대해 생각하고 컴퓨터를 발명한 인물에 대해 알아본다.

락스미 싸컬은 고슴이에게 인사하고 싶었지만 고슴이는 가시를 세웠습니다.
"나는 락스미 싸컬이라고 해. 나는 너랑 놀고 싶고 친해지고 싶은데……."
"그런데 나는 겁이 많아서 처음 보는 사람과 친구가 될 수 없어…"
"그러면 친구가 되려면 어떻게 해야 하니?"
"나는 눈이 잘 안보여서 친구를 냄새로 기억해. 자주 만나야 친구가 될 수 있어.
매일 숲으로 놀러 올 수 있니?"
"그래 내가 노력해볼게"

-4-

다음 날 락스미 싸컬은 다시 숲으로 놀러갔습니다. 고슴이는 락스미 싸컬이 반가워 말했습니다.
"나 배고파... 우리 지렁이랑 달팽이 먹으러 갈까?"
"나는 그런 거 못 먹는데..."
"그럼 너는 맛있는 과일을 먹어."
그렇게 둘은 맛있는 저녁을 먹으면서 친구가 되었습니다.
"그런데... 너 이름은 뭐니?" 락스미 싸컬은 조심스럽게 고슴도치의 이름을 물어보았습니다.
"내 이름은 고슴이야!"
드디어 고슴이의 이름을 알게 된 락스미 싸컬은 기분이 좋았습니다.

다음날 저녁! 락스미 싸컬은 낮에 잠을 자고 밤에 움직이는 고슴이를 보러
또 다시 숲으로 놀러갔습니다.
오늘은 텐트를 들고 숲속 깊은 곳으로 캠핑을 떠났습니다.
고슴이와 락스미 싸컬은 재미있게 놀다 밤이 되자 스르륵 잠이 들었습니다.

-6-

라스미 싸컬은 꿈을 꾸었습니다.
고슴이와 라스미 싸컬은 꿈속에서 비행기를 타고
한국에 있는 나랑유치원 창의반 동생들을 만나러 갔습니다.

-7-

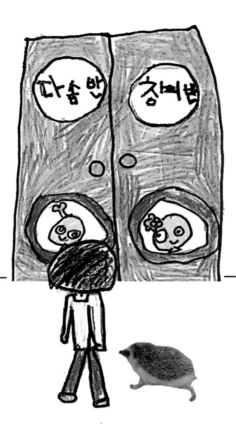

드디어 나랑유치원 창의반 앞에 도착했습니다!
'똑똑똑!'

창의반 친구들은 문을 활짝 열었습니다.
"누구세요!"
문 앞에 락스미 싸컬과 고슴이가 서있는 모습을 보고 창의반 친구들은 깜짝 놀랐습니다.
"와! 락스미 싸컬 형님이다!"

-9-

창의반 친구들은 기분이 좋았습니다.
창의반 친구들과 고슴이와 라스미싸컬은 '세계여행 식당' 놀이를 하며
네팔 음식, 한국음식, 이탈리아 음식 등 여러 가지 음식을 먹었습니다.

그리고 바깥놀이터에 나가서 재미있는 모래놀이도 함께 했습니다.
그렇게 즐겁게 놀이를 하고 있는데······.

 저자 소개

김영옥(金英玉, Young-Ok Kim) 현 전남대학교 유아교육과 교수

학력: 이화여자대학교 교육학과(학사) 및 대학원 유아교육전공(석사)
　　　미국 밴더빌트 대학교 유아교육전공(박사: Kappa Delta Pi 수상)
경력: 한국유아교육학회 회장(2003~2005)
　　　OMEP(세계유아교육기구) 한국위원회 회장(2004~2008)
　　　한국교원교육학회 부회장 및 회장(2011~2015)
　　　한국연구재단 비상임 이사(2015~2017)
　　　교육과학기술부 유아교육발전 5개년계획수립 TF 위원장(2012~2013)
　　　교육과학기술부 유아교육선진화 정책 추진 TF 위원장(2009)
　　　대통령실 교육문화수석실 정책자문위원(2009~2011)
　　　교육인적자원부 전국 시 · 도 교육청 평가위원장(2014)
　　　대통령자문 교육혁신위원회 전문위원(2006~2007)
　　　대통령자문 고령화 · 미래사회위원회 전문위원(2004~2005)

김우영(金雨映, Woo Young Kim) 현 청암대학교 유아교육과 조교수

학력: 부산대학교 유아교육과 졸업(학사)
　　　전남대학교 교육대학원(석사) 및 대학원 유아교육전공(박사)
경력: 광양제철유치원 교사(1993~2010)
　　　경남과학기술대학교 부설보육교사교육원 외래교수(2010~2012)
　　　삼성어린이집 인성교육 프로그램 개발 · 효과 연구 및 후속연구 참여(2012~2013)
　　　전라남도 육아종합지원센터 전문 컨설턴트(2013~현재)
　　　전라남도 육아종합지원센터 운영위원(2015~2017)
　　　전남 순천지역 유치원 평가위원/컨설턴트(2013~현재)
　　　한국보육진흥원 강사(2017~현재)
　　　전북유아교육진흥원 강사(2018~)

유아사회교육
사회적 능력과 기술 지원하기
Social Education for Young Children: Supporting Social Competence and Skills

2018년 4월 20일 1판 1쇄 인쇄
2018년 4월 30일 1판 1쇄 발행

지은이 • 김영옥 · 김우영
펴낸이 • 김진환
펴낸곳 • (주) **학지사**
04031 서울특별시 마포구 양화로 15길 20 마인드월드빌딩
대표전화 • 02)330-5114　　　　팩스 • 02)324-2345
등록번호 • 제313-2006-000265호

홈페이지 • http://www.hakjisa.co.kr
페이스북 • https://www.facebook.com/hakjisa

ISBN 978-89-997-1486-3　93370

정가 20,000원

이 도서의 국립중앙도서관 출판시도서목록(CIP)은 서지정보유통지원시스템 홈페이지(http://seoji.nl.go.kr)와 국가자료공동목록시스템(http://www.nl.go.kr/kolisnet)에서 이용하실 수 있습니다.
(CIP 제어번호: CIP2018003596)

교육문화출판미디어그룹 **학지사**
심리검사연구소 **인싸이트** www.inpsyt.co.kr
원격교육연수원 **카운피아** www.counpia.com
학술논문서비스 **뉴논문** www.newnonmun.com
간호보건의학출판 **정담미디어** www.jdmpub.com